विन्ध्य के क़लमकार

साझा काव्य संग्रह
भाग - 2

संपादक
डॉ कमला पति गौतम

अंजुमन प्रकाशन

Title : Vindhya Ke Kalamkar

Author : Dr. Kamla Pati Gautam

Published By-

Anjuman Prakashan

942, Mutthiganj, Prayagraj, 211003

www.anjumanpublication.com

anjumanprakashan@gmail.com

Printed and bound in India.

First published by Anjuman Prakashan in 2025

Cover & Typeset by Anjuman Prakashan

ISBN : 978-81-19562-29-9

वाणी आराधना

माँ वाणी अनुपम वंदनीय।
हे! हंसारूढ़ विमुग्धनीय ॥

सुचि सुरभित सौम्य सहज स्वरूप ।
निज श्रेष्ठ ज्योति स्तुत्यनीय ॥

हे, दिव्य ज्ञान की प्रखर पुंज ।
तेरी महिमा माँ अकथनीय ।

हे! माँ वाणी दो मुझे ज्ञान ।
साधना करूं कुछ अतुलनीय ॥

दें, श्रेष्ठ सृजन संज्ञान राह ।
सर्जना करें अवलोकनीय ॥

उर्वर हो अंतस प्रखर भाव।
कर ज्ञान नीर अभिसिन्चनीय ॥

अवसान करें हर उर्विकार ।
दें, पावन पद सम्माननीय ॥

गौतम अब करता है प्रणाम ।
माँ दया करें' अपरिवर्तनीय ॥

डॉ. कमला पति गौतम
सीधी मध्य-प्रदेश

अपनी कलम से

विन्ध्य की उर्वर धरा को पोषित और आलोकित करने वाले हिंदी और बघेली के वरेण्य साहित्यकारों की यह काव्य कृति, "विन्ध्य के कलमकार भाग दो" नाम से साझा काव्य संग्रह के रूप में आपके समक्ष प्रस्तुत करने में अत्यंत गर्व की अनुभूति हो रही है। आप सब के उचित सहयोग लेखन और मार्गदर्शन की बदौलत "विन्ध्य के कलमकार भाग एक" वर्ष 2023 में प्रकाशित हुई, इस काव्य कृति में रीवा, सीधी, सतना, शहडोल, उमरिया, अनूपपुर, सिंगरौली इत्यादि जिलों के साठ रचनाकारों ने बघेली और हिंदी में अपनी रचनाएं देकर 430 पृष्ठीय साझा काव्य संग्रह का प्रकाशन करवाया था। इस कृति का विमोचन सीधी के तत्कालीन विधायक श्री केदारनाथ शुक्ल जी के मुख्य आतिथ्य एवं पद्म श्री बाबूलाल दहिया जी के विशिष्ट आतिथ्य में शासकीय उत्कृष्ट उच्चतर माध्यमिक विद्यालय क्रमांक 1 के विवेकानंद सभागार में पूर्ण गरिमामय तरीके से किया गया था। जिसमें विन्ध्य के कलमकारों को सम्मानित भी कराए जाने का सुखद अवसर प्राप्त हुआ था। इस कृति की सफलता और लोक ग्राह्यता के कारण ही विन्ध्य के कलमकार भाग दो साझा काव्य कृति को प्रकाशित कराए जाने का संबल मिला। विन्ध्य के मार्गदर्शी कलमकारों ने भी यह सुझाव दिया था, साथ ही हमारे कुछ विशिष्ट कवि छूट गए थे और कुछ नवोदित कवियों ने भी अपनी कविताओं को प्रकाशित कराने के लिए दिया, जिसकी बदौलत मैंने कुछ विशिष्ट निष्णात साहित्यकारों से चर्चा की, उन्हीं मार्गदर्शक साहित्यकारों के सुझाव की बदौलत यह कृति आपके सामने प्रस्तुत करने में सफल हुआ हूँ।

इस कृति में भी पूर्व कृति की तरह वरिष्ठ साहित्यकारों के साथ-साथ नवोदय साहित्यकारों को शामिल किया गया है। साहित्यकारों से उचित कम्युनिकेशन दूरी तथा शासकीय व्यस्तता के कारण कुछ विलंब अवश्य हुआ है। इसके लिए हमें खेद है, लेकिन आप सबका सहयोग मार्गदर्शन, लेखन की बदौलत यह 300 पृष्ठीय रचना आप सबके सामने प्रस्तुत कर पाने में सफल हुआ हूँ।

इसके लिए आप सब रचनाकारों का और मार्गदर्शन देने वाले सभी साहित्यकारों और मित्रों का आभार मानते हुए यह रचना

"विन्ध्य के कलमकार भाग 2"प्रस्तुत कर अत्यंत गौवन्यान्वित हूं।

विन्ध्य के कलमकार

विन्ध्य के वरेण्य विज्ञ,
विन्ध्य की वसुंधरा को,
खाद पानी दे के आज,
साजते सवारते।

स्वार्थ, लोभ, मोह त्याग,
वैमनश्य छोड़कर,
द्वेष दम्भ को विहाय,
नेह से निहारते।

ज्ञान चक्षु खोल दिव्य,
प्रेरणा की ज्योति से ही,
आपसी सौहार्द प्रेम,
भाव को निखारते।

आर्यावर्त मध्य विन्ध्य,
प्रांत के सुयोग्य कवि,
मातृभूमि जन्मदा को,
प्रेम से सराहते॥

संपादक/संकलनकर्ता
डॉ० कमला पति गौतम सीधी

भूमिका

जगत नियंता की सृष्टि का कलेवर उत्तरोत्तर सृजन की पराकाष्ठा के सप्तरंगी वर्णक्रम की भांति सृजित होकर अविच्छिन्न आकाश से दिग_दिगंत तक विस्तारित होकर रत्नाकर की अंतरंग गहराई में छिप्त बहुमूल्य रत्नों के उद्दीप्त आभा से आलोकित वैदिक वाङ्ममय के आयाम को विस्तृत रूप प्रदान करते हुए ब्रह्मानंद सहोदर रूपी साहित्याकाश को इंद्रधनुषी अलंकरण से अलंकृत होता हुआ प्रतीत हो रहा है। सृजन धर्मी के लेखनी से निःसृत अक्षर ब्रह्म रूपी शब्द शिल्प के तारतम्य में काव्य का प्रणयन वाग्देवी की पूर्ण कृपा का अवलंबन ही होता है।

वांग्मय सामाजिक उत्थान एवं अवशान को प्रतिविम्वित करने वाला सहज दर्पण है, जिसकी उपादेयता उत्तरोत्तर अभिवृद्धि को प्राप्त कर सुमेरु के यश एवं कीर्ति को लोक रंजित करने में पूर्णतः सफल हो। किसी वांग्मय की कल्पनाओं और आधारभूत अभिव्यक्ति के प्राण तत्व को संप्रेषित करने का सहज माध्यम कविता है, कविता कवि के स्वच्छंद मनोदगार की सहज कल्पनाओं में दुख सुख, दर्द, शोक, आनंद, प्रसन्नता एवं सुखानुभूति की सुप्त एवं जागृत अवस्था में विचारों के संकलन एवं संप्रेषण का कल्पित माध्यम है। कविता का सामाजिक उन्नयन एवं व्यक्तित्व विकास में आंचलिक बोली, राजभाषा तथा देव भाषा के उत्कर्ष में सराहनीय योगदान रहा है।कविता दीप्त एवं जाज्जवल्य शब्द सामर्थ्य के माध्यम से भाषा और साहित्य के ज्योति को आलोकित करने में पूर्ण सफल रही है। युगीन परंपरा के अनुपालन, संपोषण एवं संवर्धन तथा संपुष्टिकरण में कविता कल्पना की भांति पल्लवित, पुष्पित, एवं प्रस्फुटित होती रहेगी।

मध्य भारत के पूर्वी क्षेत्र विन्ध्य के साहित्यिक पृष्ठभूमि का चित्रांकन करने में कवियों का कृतित्व काव्य वल्लरी को अभिसिंचित करने में, यहां की परंपरा का गौरवपूर्ण इतिहास रहा है। कल्पना की चित्रभित्ति पर अक्षरों के माध्यम से कविता की किरण कूर्चिका को आलोकित करने में कवियों ने कोई कसर नहीं छोड़ी है। विन्ध्य की माटी का काव्य सौंदर्य यहां की बोली के लालित्य और अलंकारिक सौष्ठव तथा युक्तयों एवं नीतिगत आप्त वाक्यों के समायोजन से सुवाषित पुष्प की भांति पुष्पित होकर साहित्यांगन की वाटिका को सौरभित करने में पूर्णतः सफलता की ओर अग्रसर है।

क्षितिज के छोर पाने की कोशिश में विन्ध्य के साहित्यकार अग्र पंक्ति में खड़े होकर भारतीय हिंदी साहित्य के समायोजन एवं संपोषण की भावधारा में बहकर वांग्मय की अभिवृद्धि और रचना धर्मिता के दायित्व को पूरा करने में सफलता की कसौटी में खरे उतरे हैं। गद्यात्मक एवं पद्यात्मक दोनों विधाओं में रचनाओं के प्रस्तुतीकरण में विन्ध्य के साहित्यकार अपने शिल्प और काव्यात्मक प्रगुण एवं व्याकरण की सूक्ष्म वारीकियां को ध्यान में रखते हुए रचनाओं के संकलन का दायित्व पूरा कर रहे हैं।विन्ध्याचल के साहित्यिक प्रांगण में द्वितीय रचना "विन्ध्य के कलमकार भाग 2" साझा काव्य संकलन प्रस्तुत है।अनंत संभावनाओं से परिपूर्ण वैचारिक एवं मनोगत भावातिरेक के गूढ़ रहस्यों में संकलित रचनाओं के संकलन में विन्ध्य के साहित्यकार सुवर्ण माला के मणिकाओं की भांति एकता के सूत्र में बद्ध नजर आते हैं।दृष्टिवैशम्य एवं समालोचन की परख से खरे उतरे विन्ध्याचल के साहित्यकार नगर तथा ग्रामीण सभ्यता और आरण्यक संस्कृति के चित्रांकन में अलंकारिक प्रतिमान को नवीनता प्रदान करने में सफल रहे हैं।

युगीन भावधारा में विन्ध्य के साहित्यकार जुड़कर लेखनी के कृतित्व को सार्थकता प्रदान करते हुए, अपनी सर्जना शक्ति को आलोकित करते हुए, मां भारती के चरणों में द्वितीय कृति विन्ध्य के कलमकार भाग 2 को निवेदित करने में सफल हुए हैं। इसके पूर्व में विन्ध्य के कलमकार भाग एक (साझा काव्य संकलन) प्रकाशित होकर लोक साहित्य के गौरव को स्तुत्य एवं वंदनीय बनाने में सफल रहा है। विन्ध्य के धरोहर के रूप में विन्ध्य के कलमकार भाग दो साझा काव्य संकलन में कुल 38 कवियों ने अपनी प्रधान रचनाओं में पांच पांच रचनाएं देकर पुस्तक को सार्थक बनाने में अपनी सहभागिता दी है। पुस्तक में 300 पृष्ठ हैं। पुस्तक के वाह्य कलेवर और साज सज्जा में नवीन अलंकरण देने का समर्थ सार्थक कार्य बहुमुखी प्रतिभा के धनी हमारे विन्ध्य के साहित्यकारों ने दी है।

विन्ध्य की माटी का सुवास सौराभित होकर यहां की आरण्यक उपत्यकाओं, श्रृंग, गहवर, वनांचल, गुफाओं, द्वीपों, निर्झरों, झीलों, नदियों, बंजरों, जंगलों और पहाड़ों में विसरित होकर विन्ध्य के गीतकारों के लिए विन्ध्याटवी का आयाम प्रस्तुत कर रहा है। ऐसे दुर्गम वनांचल में रहने वाले साहित्यकार विन्ध्य की गोद में पलते हुए अपनी कलम धर्मिता को सार्थकता प्रदान करते हुए, अपनी दूसरी अनुपमेय रचना "विन्ध्य के कलमकार भाग 2" साझा काव्य संकलन प्रस्तुत किया है। इन सभी रचनाकारों और उनकी रचनाओं को सजाने, संवारने सहेजने और लिपिबद्ध करने तथा सुदूर वनांचल से

मगाने का दुरूह कार्य हमारे सहोदर अनुज संपादक डॉ० कमलापति गौतम कमल का है। जिन्होंने अति संवेदनशील चल दूरवर्ती संयंत्र के माध्यम से पटल पर रचनाएं मंगा कर प्रस्तुत पुस्तक को मूर्त रूप प्रदान किया है। वे बधाई के पात्र हैं, अलंकारिक आवरण और चिन्हों की बारीकी को निखारने का सराहनीय कार्य इन्होंने किया है। साथ ही संपादन के दायित्व को भी बड़े सूझबूझ के साथ निभाया है।

विन्ध्य क्षेत्र के सुप्रसिद्ध साहित्यकार बघेली बोली के सिद्धहस्त हस्ताक्षर राज्य शासन से अनेकों बार सम्मानित पद्मश्री बाबूलाल दहिया जी का आशीर्वाद भी विन्ध्य क्षेत्र के कलमकारों को प्रेरित करने में साहित्य के मार्ग को सुगमता प्रदान करेगा, साथ ही वरिष्ठ साहित्यकार डॉ अमोल प्रसाद मिश्र "बटरोही" जी एवं डॉ राजकरण शुक्ला "राज" जी तथा वर्तमान मध्य प्रदेश राज्य शासन के उपमुख्यमंत्री माननीय श्री राजेंद्र शुक्ल जी का आशीर्वाद भी विन्ध्य के साहित्यकारों को सृजन का मार्ग प्रशस्त करेगा।

हिंदी साहित्य के साहित्यिक एवं सांस्कृतिक विरासत की पूर्णता का आधार बोली है, जो किसी वांग्मय की परिपक्वता एवं संपूर्णता का द्योतक है। नए एवं वरिष्ठ साहित्य प्रेमियों के लिए विन्ध्याचल में साहित्य सर्जना का आलोक आलोकित हो, जिसके लिए प्रस्तुत ग्रंथ सुगमता का मार्ग प्रदान करेगा। पुस्तक "विन्ध्य के कलमकार भाग 3" (कहानी साझा संग्रह)शीघ्र ही प्रकाशित होने वाली है। हम प्रकाशक के चिरऋणी हैं जिन्होंने मुद्रण एवं टंकण में कहीं भी त्रुटि न छोड़ते हुए अथक प्रयास कर पुस्तक के आवरण पृष्ठ को नया आयाम तथा कलेवर प्रदान किया है। लगभग 300 पृष्ठों से अधिक इस ग्रंथ में यत्किंचित त्रुटि संभाव्य है, जिसे पाठक ग्राह्य न करते हुए सृजनात्मक सुधार अवश्य भेजें, इसके लिए हम आभारी रहेंगे।

साझा काव्य संकलन "विन्ध्य के कलमकार भाग 2" के अंतर्गत कुल 38 कवियों की भावबोधक, हृदय ग्राही एवं कल्पना की अतीत तथा वर्तमान की आलेखी मनोवांक्षा को चित्रित करने वाले गीत माधुर्य का निनाद पुस्तक के पृष्ठों से अनुगुंजित होकर पाठकों के हृदय पटल को झंकृत करता रहेगा। पुस्तक में गीत, गीतिका, दोहा, सवैया, कुंडलिया, घनाक्षरी, आधुनिक काव्य इत्यादि का समावेश है, आशा ही नहीं पूर्ण विश्वास है कि पाठकों की हृदय कालिका को पुष्पित करने में उत्तम सिद्ध होंगे। समस्त साहित्यकारों में अपने काव्य कौशल को निखारने के साथ ही उसे बहुआयामी भाव देकर पाठक को वांग्मय की भावधारा से जोड़कर ब्रह्मानंद सहोदर रूपी साहित्य के सानिध्य और सत्संग दिलाने में समर्थ सिद्ध होंगे।

मेरे भूमिका लेखन की सार्थकता और रचना की सार्थकता, पाठक की प्रसन्नता मनोरंजन और हृदय ग्राहता तथा आनंदानुभूति ही इस ग्रंथ का यथेष्ट मार्ग प्रशस्त करेगा। विन्ध्य के सुधी साहित्यकारों, पाठकों विद्वानों, राजनेताओं, कलाकारों और शिक्षाविदों तथा छात्रों से इस ग्रंथ के लिए आशीष अपेक्षित है।

शुभेच्छु

वाचस्पति गौतम
भूतपूर्व संस्कृत शिक्षक
मरीशन सीनियर सेकेंडरी स्कूल सीधी
ग्राम पोस्ट लौआ जिला सीधी मध्य प्रदेश

शुभकामना संदेश

विन्ध्य के जाने-माने श्रेष्ठ कवि और साहित्यकार डॉ. कमलापति गौतम कमल बघेली एवं हिंदी दोनों में समान रूप से काव्य रचना करते हैं ।आपका जन्म 12 मई 1971 को सीधी जिले के प्रसिद्ध देवी धाम लौआ में हुआ ।पिता स्व० श्री नागेंद्र मणि गौतम सेवानिवृत्त राजस्व निरीक्षक एवं माता स्वर्गीय पार्वती देवी थी ।आप इस समय शासकीय उच्चतर माध्यमिक विद्यालय कमर्जी जिला सीधी में उच्च माध्यमिक शिक्षक के पद पर कार्यरत हैं।

गौतम जी की अब तक कुल 8 मौलिक काव्य कृतियां छप चुकी हैं,आपकी साझा काव्य संग्रह के रूप में 12 कृतियां प्रकाशित हो चुकी हैं । "विन्ध्य के कलमकार भाग 1" कृति का सफल संपादन भी गौतम जी ने किया है ,जिसमें विन्ध्य भूमि के 58 नए एवं पुराने कवियों की चुनिंदा कविताओं का कवि परिचय सहित समावेश है । वर्ष 2021 में प्रकाशित,गौतम जी का यह सारस्वत प्रयास अनुकरणीय एवं प्रशंसनीय रहा है।

इसी संपादन कम को आगे बढ़ते हुए इस वर्ष 2025 में 38 रचनाकार कवियों के साथ दूसरा काव्य साझा संग्रह "विन्ध्य के कलमकार भाग दो" का सफल संपादन कराए जाने का यह समाचार प्राप्त हुआ है। यह बहुत हर्ष का विषय है और विन्ध्य के लिए अति गौरव की बात है , पुनः विन्ध्य के तमाम साहित्यकारों को उनकी रचनाओं को परिचय के साथ छाप कर एक मंच पर लाने का यह प्रशंसनीय कार्य करने जा रहे हैं ।इसके लिए मैं उन्हें साधुवाद देता हूं और कृति के लिए अपनी शुभकामनाएं प्रेषित करता हूं ।

यह रचना अनुकरणीय हो, विन्ध्य के साहित्यकारों को एक नया आयाम देने वाली और पूरे देश में ख्यातिलब्ध हो पाठकों को मोहित करें और संग्रहणीय रचना के रूप में जानी जाय। मेरी ढेर सारी शुभकामनाएं "विन्ध्य के कलमकार भाग 2" के लिए है। उम्र के अंतिम पड़ाव पर मैं अपने वृद्ध और रुग्ण शरीर से संकटग्रस्त होकर असहनीय पीड़ा का अनुभव कर रहा था कि मुझे देखने, मेरे स्वास्थ्य का हाल जानने, और मेरा मार्गदर्शन लेने के लिए जैसे ही गौतम जी का आगमन हुआ मेरा सारा कष्ट दूर हो गया, मुझे अति प्रसन्नता हुई । इतनी दूर से चलकर कृति की शुभकामना के लिए मेरे घर आए। मैंने प्रसन्नता के साथ रचना के लगभग सभी रचनाकारों की

रचनाओं को पढ़ा समझा और अपनी शुभकामना के साथ यह शुभकामना आलेख दिया। इस क्रियाशील कोटिसः यशस्वी रचनाकार को अनंत शुभकामनाएं देता हूं,इसी तरह से उनकी लेखनी अनवरत चलती रहे । संपादक डॉ.गौतम , विन्ध्य के समस्त साहित्यकारों को जोड़ कर रखें और साहित्यिक उन्नति करें, साहित्यकारों का सम्मान बढ़ाएं।

विन्ध्य को गौरवान्वित करें। इन्हीं शुभकामनाओं के साथ।

दिनेश प्रताप सिंह चौहान
ग्राम-पोस्ट पटपरा
लेखक इतिहासकार चिंतक
पूर्व प्राचार्य, शासकीय उच्चतर
माध्यमिकविद्यालय लकोंडा
जिला - सीधी मध्य प्रदेश

शुभकामना

शुभ कामना, शुभ कामना, शुभकामना।
माँ शारदे से है हमारी प्रार्थना॥
परिपूर्ण हो, शुभ कर्म की शुचि साधना।
मम इष्ट देवी ब्रह्मचारिन अब कहूं_
करिए कृपा माँ ठीक हो जनभावना॥1
शुभकामना________!

बहका हुआ भटका हुआ नर मानना।
चलते हुए गिर ना पड़ूं कर थामना।
अभिलाष है, दृग प्यास है अब देख लूं
मन आस है मां, दास साधक जानना॥2
शुभकामना_________!

यह चाह है परिशुद्ध हो निज भावना।
कुछ भी छिपी नहिं है कमी सब जानना।
अपना नहीं बस भाग्य को अब थाम लें,
मन, बुद्धि निर्मल हो सही माँ जांचना॥3
शुभकामना_________!

शुभकामना! शुभकामना! शुभकामना, !!!

डॉ० कमला पति गौतम

रचनाकार सूची

रचनाकार एवं रचनाएँ

हरिश चन्द्र गुप्ता

रचनाकार का नाम	: हरिश चन्द्र गुप्ता
पिता का नाम	: श्री छोटेलाल गुप्ता
पता	: ग्राम व पोस्ट - कुबरी, तहसील बहरी, जिला–सीधी(मध्य प्रदेश)
संपर्क सूत्र	: 9630175299
विधा	: ग़ज़ल और मुक्तक
प्रकाशित कृत्यों की संख्या	: निरंक

ग़ज़ल –1

जब तलक है रौशनी हर कोई रहता साथ में,
छोड़ देता साथ साया भी अँधेरी रात में।

ढल गया सूरज तो क्या मैं राह चलना छोड़ दूं,
जुगनुओं को साथ लेकर मैं चलूंगा रात में।

चल दिये हैं हम परिंदे नापने आकाश को,
आंधियां जो रोकें रस्ता दम नहीं औक़ात में।

शहर की रंगीनियों में भूले वो मां बाप को,
जो कभी श्रवण के जैसे रहते थे देहात में।

पहले तो झगड़े भी होते थे बड़े तहज़ीब से,
अब तो खंजर तक निकल आते ज़रा सी बात में।

ग़ज़ल –2

कुछ भी मुझे यहां मेरे अनुसार ना मिला,
कर दे जो मुझको ज़ाविदा किरदार ना मिला।

माना सभी दिलेरों के दिल हैं बड़े मगर,
बांटे जो दिल का दर्दो दिलदार ना मिला।

ख़ुश्बू की जब तलाश में मैं गुलसितां गया,
गुलशन में कोई फूल महकदार ना मिला।

हैं वक्त के वो मारे रहमदिल की करते ख़ोज
अपना उन्हें जो माने वो हक़दार ना मिला।

रोटी की भी तलाश थी परिवार की थी फ़िक्र,
बिकने चला गरीब खरीदार ना मिला।

हर चीज बिक रही है दुकानों में आजकल,
बिकती जहां हो खुशियां वो बाजार ना मिला।

ग़ज़ल –3

मेरे मालिक तू ही सहारा है,
तेरी रहमत से जग ये सारा है।

तेरी चौखट पे रहती है जन्नत,
पांव मे ये जहान सारा है।

तुझसे ही चांद तारे रौशन हैं,
तुझसे ही रंगत–ए–बहारा है।

फंसती मजधार में जो है कश्ती,
तू दिखाता हमें किनारा है।

दीन दुखियों के कष्ट तू हरता,
बेसहारों का तू सहारा है।

इस ज़हां के हरेक जर्रे पर,
मेरे मालिक, करम तुम्हारा है।

ग़ज़ल –4

अगर साथ में हो दुआ आसमानी,
हों दिन ख़ुश-नुमा और रातें सुहानी।

है दो जिस्म और एक ज़ाँ की निशानी,
मुहबब्त वफ़ा की अनोखी कहानी।

मिटा दे जो नफ़रत सभी के दिलों से,
मुहब्बत की ऐसी शमा है जलानी।

कहीं हो न जाये क़यामत की आमद,
करो बंद क़ुदरत से अब छेड़खानी।

ज़माना करे याद हमको अदब से,
हमें छोड़नी है कुछ ऐसी निशानी।

बदलते हो तुम रंग गिरगिट के जैसे,
चलेगी नहीं चाल अब ये पुरानी।

बहुत जी चुका हूं मैं साये में ग़म के
खुशी मुझ पे कर दो ज़रा मेहरबानी

मुक्तक

फ़रेबी इस जमाने में, दिखावा ही दिखावा है।
कुटिलता हर तरफ दिखती, इरादों में छलावा है॥
दिखे जो चारुता तुमको तो तुम ये भी समझ लेना।
चिकित्सा शल्य की है अब, मुखौटों का चलावा हैं॥

ज़माना है प्रलोभन का सजावट ही सजावट है,
ज़ुबाँ पर स्वाद मीठे का अदाओं में दिखावट है।
करे मन स्वाद मीठे का तो मधुरम भी परख लेना,
मधुरता के जमाने में मिठाई में मिलावट है॥

रिहा करो ख़ुद की हसरतों को, ज़रा क़फ़स से निकल के देखो।
हसीन बेहद ये ज़िन्दगी है, खुली हवा में तो चल के देखो।
बहुत ख़िज़ाँओं में रह चुके अब, हसीन मौसम है सैर कर लो,
महक उठोगे गुलों के जैसे, बहार–ए–गुलशन में चल के देखो।

मज़बूत इरादे कर, कदमों को बढ़ाना है
मुमकिन है मिले साहिल, पतवार चलाना है
लहरें भी समंदर की, औक़ात दिखायेंगी,
महफ़ूज़ रहे कश्ती, गर मांझी दिवाना है

डॉ सुरेश कुमार मिश्र

रचनाकार का नाम	: डॉ सुरेश कुमार मिश्र (गौतम जी)
उपनाम	: गौतम जी
पिता	: स्व श्री गोपीनाथ गौतम (सेवानिवृत्त पटवारी)
संप्रति	: सेवानिवृत्त वरीय लेखा पाल (सीनियर एकाउन्टेन्ट) कोल इन्डिया लिमिटेड (एन सी एल), नेहरू शताब्दी चिकित्सालय जयन्त
जिला	: सिंगरौली म प्र
विधा	: दोहा, कविता, कुण्डलिया, मुक्तक, घनाक्षरी छंद
प्रकाशन	: दोहा रत्न, दोहा अमृत, विन्ध्य के कलमकार, सोमालोबा पुष्प, साहित्यानुराग, भारत गौरव गाथा आदि साझा पुस्तकें एवं उद्गारांजलि प्रथम काव्य संग्रह प्रकाशित।
संपर्क सूत्र	: 09340208755, 09425180301

गुरुदेव

(विधा - मनहरण घनाक्षरी)

मेरे गुरु ज्ञान वान, हमको है अभिमान,
ऐसे गुरु चरण में, शीश को झुकाऊँ मै।
अंधकार दूर करे, ज्ञान का भण्डार भरे,
उपदेश रूपी सुख, गुरू जी से पाऊँ मै॥
शिष्य सभी आगे बढ़े, यही मन चाह रखे,
ऐसे गुरुदेव जी का, सदा गुण गाऊँ मै।
दया वान धर्म राज, सकल सवारें काज,

सिद्धिदात्री मां

(विधा - मनहरण घनाक्षरी)

पूजन भजन करे, माता जी का ध्यान धरे,
दुर्गा महरानी मातु, घर में पधारी है।
सिंह पर असवार, हाथ लिए तलवार,
भक्तो का उद्धार करे, दुष्टन संहारी है॥
चुनरी चढ़ाओ लाल, फूलो का हो जयमाल,
माता हो प्रशन्न अति, विनती हमारी है।
जग का कल्याण करे, अपनों का ध्यान धरे,
भक्त हैं सुरेश माता, आप उपकारी है॥

संविधान
(विधा - दोहा)

अधिकारों की होड़ है, अधिकारों की खोज।
संविधान में आजकल, यही हो रहा रोज।1।

संविधान में बन रहे, नित नित नये विधान।
नेता मालामाल है, मरते रोज किसान।2।

संविधान इस देश का, है कितना कमजोर।
सच्चा मानव मर रहा, काम कर रहे चोर।3।

संविधान में जो लिखा, उसमें हो बदलाव।
आरक्षण से मुक्त हो, बदले नियम चुनाव।4।

राष्ट्र जुड़ी हर बात का, हो पालन भर पूर।
संविधान की बात से, रहे न कोई दूर।5।

पालन हो कानून का, रहे देश प्रति प्यार।
संविधान की बात को, दे सुन्दर आकार।6।

पावन
(विधा - कुण्डलिया)

सब से पावन हरि कथा, सुनता सारा देश।
ऊँच-नीच धनवान अरु, चाहे जैसा वेश॥
चाहे जैसा वेश, सभी को अच्छी लगती।
करते सब गुणगान, कथा जैसी भी रहती॥
कहते'गौतम, आज, लगे यह प्यारी तब से।
जीवन का हर मोड़, पला हो दुख-सुख सब से।1।

धरती

धरती अपने देश की, पावन और पुनीत।
विविध जाति अरु धर्म से, सुन्दर इसकी प्रीत॥
सुन्दर इसकी प्रीत, बाग वन उपवन न्यारे।
खिले अनेकों फूल, सभी को लगते प्यारे॥
कहते'गौतम, आज, सदा यह सपने भरती।
दे भौतिक आराम, सभी को पावन धरती।2।

धरती

(विधा - कुन्डलिया)

धरती माता के सदृश, देती है आधार।
इसी धरा पर सब रहे, सभी सुखों की सार॥
सभी सुखों की सार, सभी यह माता देती।
करती है उपकार, नहीं बदले में लेती॥
कहते 'गौतम, सोच, सभी कुछ यह है करती।
धन्य-धन्य यह मातु, धन्य यह अपनी धरती।1।

धरती पर रहते सभी, मानव दानव भूत।
इसी धरा पर है बसे, बजरंगी प्रभु दूत॥
बजरंगी प्रभु दूत, सभी की आश्रय दाता।
राम कृष्ण की भूमि, यही है भाग्य विधाता॥
कहते 'गौतम, आज, सदा उपकार है करती।
विविध रत्न की खान, मातु यह अपनी धरती।2।

विश्वास

(विधा - मुक्तक)

रहे विश्वास अपने पर, सफलता तब उसे मिलती।
लगा हो बाग सुन्दर तो, महक हरदम वहां खिलती॥
जिसे विश्वास अपने में, और कोई सहारा हो।
सफल होता सदा ही वह, राह में रोशनी दिखती॥

गरिमा

{विधा - दोहा (सीढ़ी दोहा)}

गरिमा अपने देश की, बढ़े सुबह अरु शाम।
काम इस तरह कीजिये, रहे विश्व में नाम।1।

रहे विश्व में नाम अब, हो सुन्दर अभियान।
धर्म जाति के साथ ही, बढ़े हमेशा मान।2।

बढ़े हमेशा मान अरु, और बढ़े धन अन्न।
धीर वीर गम्भीर सब, सुखी और सम्पन्न।3।

सुखी और सम्पन्न सब, इतना सुन्दर देश।
भौतिक सुख के साथ ही, हो सुन्दर परिवेश।4।

हो सुन्दर परिवेश सब, हरदम करे विकाश।
नदियां बहती दूध की, फैले नया प्रकाश।5।

पाक को चेतावनी
(विधा - कविता)

भाड़े के ये तेरे टट्टू, कब तक खैर मनाएंगे।
सिंह गर्जना सुन करके ये, दहसत से मर जाएंगे॥
सन पैंसठ में तुमने जब आ, काओ का बल पाया था।
शान्ति अहिंसा मंत्र जहाँ का, उससे ही टकराया था॥
पैटर्न टैंक अमरीका से, तोहफे में तू पाया था।
साधारण गोलो से हमने, उनको तोड़ गिराया था॥
साहस या विश्वास नहीं है, हमसे क्या टकराएंगे।
सिंह गर्जना सुन करके ये, दहसत से मर जाएंगे।1।

छोटा सा एक बम बनाकर, इतना क्यों तूं इतराया।
सन चौहतर के पोखरण को, इतनी जल्दी बिसराया॥
घाटी में घुसपैठ के खातिर, कहां से हिम्मत तूं पाया।
भारत के वीर जवानों का, खौफ नहीं तूं क्यों खाया॥
गृद्ध दृष्टि से तेरे सैनिक, कैसे अब बच पाएंगे।
सिंह गर्जना सुन करके ये, दहसत से मर जाएंगे।2।

शान्ति अहिंसा और मैत्री पर, हम सब कुछ सह जाते है।
जोर जबरदस्ती के आगे, घुटने टेक न पाते है॥
अगर एक को तुमने मारा, हम दस बीस मारते है।
दुश्मन को हम अपने देश से, नर्क लोक पहुचाते है॥
पापी हिजड़े तेरे सैनिक, 'गौतम, से न टकराएंगे।
सिंह गर्जना सुन करके ये, दहसत से मर जाएंगे।3।

है काश्मीर भारत का मस्तक, जान से हमको प्यारा है।
हरदम लहराएगा तिरंगा, यह संदेश हमारा है॥
इस संदेश को यदि तुम भूले, समझो काल तुम्हारा है।
सरहद को तुम पार न करना, खड़ा जवान हमारा है॥
भारत के रण वीरों से ये, सैनिक क्या टकराएंगे।
सिंह गर्जना सुन करके ये, दहसत से मर जाएंगे।4।

बिन्ध्य क्षेत्र

{विधा -मनहरण घनाक्षरी (बघेली)}

सुन्दर प्रदेश विन्ध्य, मन का लोभाये जाय,
कीरति अपार केर, करित बखान है।
ऊँच हैं पहार बड़े, जंगल में बाघ श्वेत,
अपने या क्षेत्र काहीं, जानत जहान है॥
सुन्दर बघेली बानी, रीवा हइ रजधानी,
राजा हैं बघेल जऊं, शेर के समान है।
आवा करी गुणगान, सुन्दर है विन्ध्य शान,
विन्ध्य क्षेत्र जन्म भूमि, महिमा महान है॥

डॉ नर्मदा प्रसाद तिवारी

रचनाकार का नाम	: डॉ नर्मदा प्रसाद तिवारी
पिता का नाम	: श्री रामकुशल तिवारी
पता	: रामनगर, मैहर
संपर्क सूत्र	: 7000852730
विधा	: कविता और कहानियाँ
प्रकाशित कृतियों की संख्या	: संप्रति....एक (जीवन एक संग्रह)

फूल की मुक्ति

पुजारी जी बाग में आये, फूलों की महक से दिल भरमाये,
एक फूल को देखकर रुके, उसे प्रणाम कर प्यार से बोले,
"क्या मैं आपको पूजन में, अपने प्रभु को अर्पण कर सकता हूँ?"
फूल मुस्कुराया, नर्मी से कहा, "पहले परिचय तो हो, थोड़ा जान लीजिए,
क्या आप जानते हैं मैं कौन हूँ, कहाँ से आया हूँ, मेरा क्या है रूप?"

पुजारी ने सिर हिलाया, "नहीं, ये जानने की कभी ज़रूरत न पाई।"
फूल ने कहा, "तो सुनिए, मेरे पूर्वज हवा में उड़ते,
इस बाग़ में आ बसे, मिट्टी और पानी ने उन्हें अंकुरित किया,
पेड़ बने और फिर मेरा अस्तित्व उभरा।
ये रंग, ये खुशबू सब प्रकृति का उपहार है,
और अब आप मुझे फिर से प्रकृति के संचालक को अर्पण करना चाहते हैं,
ये मेरा सौभाग्य है, आपकी कृपा से मैं प्रभु के चरणों में स्थान पाऊँगा।

अगर आप न मिलते, तो यूँ ही मुरझा जाता,
मिट्टी में मिल जाता और कोई नया फूल उगता।
पर अब इस फूल पर प्रभु के चरण चिन्ह होंगे,
इंसान मुक्ति पाता है भजन से, मैं मुक्त हो जाऊँगा,
आपके आशीर्वाद से प्रभु के पास पहुँच जाऊँगा।"

पुजारी ये सुन कर हतप्रभ हुआ,
"मैं तो इस फूल को अर्पण कर अपनी इच्छा पूरी करना चाहता था,
कितना स्वार्थी था मैं, कभी सोचा ही नहीं,
इस फूल की भी वही इच्छा होगी जो मेरी है।"

फूल ने उसे समझाया, "स्वार्थ और परमार्थ का भेद ना करो,
प्रकृति का हर अंश है पावन, अपनी भूमिका निभाओ।
मेरा जीवन आपके हाथों से, प्रभु के चरणों तक पहुँचेगा,
और मैं अपने अस्तित्व को साकार पाऊँगा।"

पुजारी ने फूल को उठाया, प्रेम से उसे माथे से लगाया,
फिर पूजन में अर्पित किया, और फूल ने प्रभु के चरणों में समर्पण पाया।
उस क्षण दोनों ने पाया एक नया सत्य,
स्वार्थ और त्याग का अनूठा संबंध,
जहाँ जीवन को निहारने का एक नया दृष्टिकोण पाया।

ज़िंदगी का सफ़र

ज़िंदगी, एक लहराती नदी की तरह,
कभी शांत, तो कभी बेकाबू,
हर मोड़ पर नए सवाल खड़े करती,
तो कभी जवाबों की बौछार करती।

सुबह की ओस में बसी ख़ुशबू,
तो शाम की धुंध में खोई उम्मीदें,
हर दिन एक नई कहानी,
हर रात अधूरी सी रवानी।

कभी हंसते हुए रंगों से भरी,
तो कभी सूखे पत्तों की तरह बेजान,
जिन सपनों की परतें थीं दिल में,
वो हक़ीक़त से जब टकराए, तो टूट गए।

फिर भी, ये ज़िंदगी,
अपने में ही एक जादू है,
ख्वाहिशों के धागों में उलझी,
तो कभी सपनों के परों में उड़ती।

कभी हम खुद को ढूंढते इसमें,
कभी ये हमें समझाती है,
हर हार में छिपी है एक जीत,
और हर अश्रु में सुख की तस्वीर।

जो बीत गया, वो बीता हुआ पल था,
जो आने वाला है, वो नया कल है,
बीच की इस डगर पर चलना,
यही तो असली ज़िंदगी का फल है।

तो चलिए, ज़िंदगी को वैसे ही जीते हैं,
जैसे ये हमें जीना सिखाती है,
हर क्षण को अपनेपन से अपनाते हैं,
क्योंकि ये ज़िंदगी, एक बार ही आती है।

समस्याएँ

ज़िंदगी की राह में, हर मोड़ पर मुश्किलें,
हार का मंजर, गरीबी की चुप्प, भूख की गूंज,
समस्याएँ अनगिनत, परेशानियाँ न खत्म होने वाली,
जैसे हर दिन एक नया संघर्ष, हर रात एक नई जंग।

आंसू भरी आँखें, सूखी पड़ी रोटी,
सपनों की चादर में, फैली हुई हैं दरारें,
ग़रीबी की गंध, रोज़ की बेरोज़गारी,
पैसों के बिना जीना, एक कठिन दुआ है सच्चाई।

हार की चुभन, जैसे कांटे हृदय में गड़े,
हर ख्वाब पर एक बोझ, हर हंसी पर एक परदा,
भूख की तड़प, जैसे आंधी तेज़ चल रही हो,
समस्याओं के बादल, कभी थमते नहीं, हमेशा घेरते हैं।

सड़कों पर झोपड़े, आकाश में गिरते सितारे,
हर किसी के चेहरे पर, एक कहानी छुपी है,
गरीबी की तस्वीर, हर रंग में है धुंधली,
पर जज़्बात की आग, अभी भी जलती है दिल में।

परेशानियों की बुनाई, इतनी बारीक कि छुपा नहीं पाते,
हर दर्द, हर चीख, कहीं ना कहीं गूँजती रहती है,
पर इन सबके बीच, एक उम्मीद की किरण,
जिंदगी का संघर्ष, हमें कभी भी नहीं तोड़ सकता।

इन कठिनाइयों को हम अपना साथी बनाते हैं,
हर हार के बाद, एक नई शुरुआत की राह दिखाते हैं,
गरीबी, भूख, समस्याएँ—हमारी प्रेरणा बनती हैं,
सपनों की उँचाई तक पहुँचने की ताकत देती हैं।

धर्म

राजनीति की गली में, सत्ता की जंग,
कभी वादों की बारिश, कभी झूठ की धुंध,
नेता की भाषाएँ, जन के सपनों की चादर,
पर सच्चाई की राह पर, कभी न दिखे इनकी छाया।

विज्ञान की प्रयोगशाला में, खोज की धुन,
कभी सितारों की गहराई, कभी कणों की अनसुलझी बात,
सत्य की खोज में, इंसान की पागल सी दौड़,
पर फिर भी, हर खोज के पीछे छुपी है एक नई परत की बात।

प्रकृति की गोदी में, जीवन का संगीत,
फूलों की महक, पहाड़ों की ऊँचाई, समुंदर की गहराई,
धरती की हरी चादर, हर रंग में बसी,
पर मानव की नज़रों में, कभी चुप्पी, कभी अंधेरों की सदी।

धर्म की राह पर, हर इंसान की खोज,
एक ईश्वर की पूजा, एक कर्म की धुन,
सत्य की तलाश, आत्मा की पुकार,
पर क्या हम एक दूसरे की श्रद्धा को समझ पाते हैं?

राजनीति में सत्ता की गूंज, विज्ञान की खोज,
प्रकृति का स्नेह, धर्म की विश्वास,
इन सबका संगम, जीवन का अनमोल रंग,
संगम की इस धारा में, हर रंग का है एक अलग संसार।

निर्दोष प्रेम की कहानी

प्रेम की चाशनी में डूबा दिल,
भूल जाता है हर ग़लती, हर छल,
चाहे खुदा हो या इंसान,
माँगता है बस, प्यार की पहचान।

उसकी आँखें, सच्चे रंग की तस्वीर,
हर आँसू में, समाया प्रेम की असीम लहर,
दिल की गहराइयों से, बसी है सिर्फ एक बात,
प्रेम का सच्चा रंग, कभी न हो बेज़ार।

जो दिल में बसी, उसकी पहचान,
भरोसा है अडिग, बिना किसी तर्क के जान,
चाहे छल हो या विश्वास की कमी,
उसका प्रेम तो हमेशा रहेगा, वैसे ही निर्मल, उसी मिठास के संग।

जब भी वो प्यार की मूरत से, रूठे,
उसका दिल न समझे, फिर भी उसके प्यार को न छोड़े,
हर ग़लती को, हर नासमझी को,
मुस्कुराहट में लिपटे, स्वीकार करता है वो।

विश्वास की किताब में, हर पन्ना उसके नाम,
आशा की किरण, प्रेम का सच्चा प्रमाण,
चाहे रास्ते में आये कितने भी तूफान,
उसका प्रेम तो रहेगा, बिल्कुल उसी स्थान।

निर्दोष प्रेम की ये दास्तान,
हर दिल की गहराई में बसी एक पहचान,
भले ही हो दर्द, या हो धोखा का गीत,
उसका प्रेम हमेशा रहेगा, अडिग, अमर, और मीत।

डा0 रश्मि शुक्ला

रचनाकार का नाम	: डॉ रश्मि शुक्ला
पिता का नाम	: स्व. डॉ भगवती प्रसाद शुक्ल
पति का नाम	: श्री रमाकान्त शर्मा पूर्व कार्यपालन यंत्री
पता	: द्वारिका नगर रीवा मध्यप्रदेश
सम्पर्क सूत्र	: 9039269754
विधा लेखन	: दोहा, मुक्तक, ग़ज़ल(बघेली बोली तथा हिन्दी भाषा)
प्रकाशन	: सेंदुर केर बोझ, अबेर होइगै, दो बघेली कहानी संग्रह प्रकाशित। एक बघेली काव्य संग्रह तथा हिन्दी काव्य संग्रह प्रकाशनाधीन है।लगभग एक दर्जन साझा संकलन में दोहे, मुक्तक, कहानी प्रकाशित तथा विभिन्न पत्र-पत्रिकाओं में रचनाएँ प्रकाशित।
संप्रति	: सेवानिवृत्त संयुक्त संचालक शिक्षा, पूर्व डीन शिक्षा तथा पूर्व सदस्य कार्य परिषद अवधेश प्रताप विश्वविद्यालय रीवा, पूर्व सदस्य स्वर परीक्षण समिति बघेली लोकगीत आकाशवाणी रीवा, मध्यप्रदेश राष्ट्रभाषा प्रचार समिति भोपाल इकाई जिला रीवा की जिला संयोजक।

अधिकार

मूलभूत अधिकार तो, शिक्षा अब व्यापार,
लिये पुलिन्दा घूमते, पाने को अधिकार।

मिलता अनुभव हीन को, यहाँ खूब अधिकार,
दिवा सपन को ये दिखा, करते कारोबार।

ओट अधिकार का लिये, एका किये गिरोह,
अब जीवन तो है कठिन, नित होता अवरोह।

अबला कहकर के सभी, करना कभी न भूल,
पा ले हर अधिकार को, नारी काटे शूल।

जिनको तो अधिकार है, रचते कृषि विधान,
इनको तो होता नहीं, खेत किसानी ज्ञान।

सही कृषक है पीर में, आज रहे हैं टूट,
उनके तो अधिकार की, मची हुई है लूट।

बहा पसीना जो करे, खेतों मे अवदान,
उनके तो अधिकार का, करो सभी सम्मान।

नारी को अधिकार से, मिला बहुत सम्मान,
करती इनके उपयोग वो, लेकर के संज्ञान।

कागज में रहते सभी, नारी के अधिकार,
उनको तो रहती सदा, इसकी ही दरकार।

आजादी के बाद मिले, सबको ही अधिकार,
देशभक्त रक्षा करें, जो रखते सुविचार।

बात करें अधिकार की, कभी न करें काम,
रोटी तोड़ें बैठके, खाते रोज हराम।

कुछ नेता हैं देश के, मिले खूब अधिकार,
जिनके तो दलाल फिरें, पूरे घर चौबार।

खुले हुये बाजार में, झूठों का अधिकार,
मिलावटी सामान से, करते हैं व्यापार।

आपस में तू -तू करें, चाहे हैं अधिकार,
कपटीपन से ये रखें, दूषित रंग विचार।

गजल

मन में रखता और कुछ मुख से कहताऔर।
बन कर करता बात कुछ दिल में चलताऔर।

हित की तो बातें करे स्वार्थ रहे बहु जोर।
लगा मुखौटा घूमते नित दिन सहता और।

आगे बढ़ने के लिये धक्का देते खास।
मिसरी जैसा बोलके ये तो कहता और।

दौलत का भूखा रहे जोड़े रुपये खूब।
कंजूसी में जीता रहे घर में सहता और।

बटवारा की चाल से हिलती नींव रोज।
दूजा खुश हो देखता दुख में मरता और॥

छोटी बातों को सदा देते क्यों हो तूल।
ऊपर से दोस्त बने भीतर चलता और।

पाकर अपने बीच में खुश होते हैं लोग।
बदली है सारी फ़िज़ा फिर तो चिढ़ता और।

गजल

सचमुच कह दी आपने, बढ़िया -बढ़िया बात,
कहकर करते और जो, देते हैं आघात।

चलिये अब तो छोडिये, देना सबको मात,
मंज़िल पाने के लिए, खेले क्यों जज़्बात।

दिल से निकले बान से, मिल जाती हैं सौगात,
करिये पीछे से नहीं, अब लोगों पर घात।

पलकें झुकाय चल दिये, देख़े सबकी जात,
जड़ से होते खोखले, फिर करते दस-सात।

चेहरा ज़लवा है वही, बस भूले हैं औकात,
उजड़े गुलशन में रहें, उड़के सारी रात।

ज़ीवन में सुख की नहीं, होती है बरसात,
बदले -बदले से रहें, विपदा में सब नात।

क़िस्मत के आगे नहीं, होती कोई बिसात,
चट खारे लेते सदा, मज़बूरी हालात॥

ग़ज़ल

उल्फ़त की बातें करें ग़ज़लों के फनकार
दिल नेमत तो रो रहा देखो तो किरदार।

शमा इश्क मरकूम है ग़ज़लों के दिलदार
मुफ़लिस भी है गिरा देखो तो किरदार।

अश्कों की तस्दीक़ से ग़ज़ले हैं गुलजार
आंसू की दरिया बही, देखो तो किरदार।

मह्फिल की शानो फिजा ग़ज़लों में शुमार
तन्हाई क्यों काटती देखो तो किरदार।

चराग़ों से थकते नहीं गजलों के दीदार,
कैसे भूखे ज़ल रहे देखो तो किरदार।

सच को बोल ईमान से जीते जो यार,
खलिश पीर सभी सहते देखो तो किरदार।

लल्लो-चप्पो
(बघेली दोहे)

लल्लो-चप्पो जे करैं, मानयं मनइ तमाम।
उनहन कै सल्लाह से, सगल होत हें काम ॥1

लल्लो-चप्पो मा परें, बिटियन केरे बाप।
तउ ता टेडुआत हमय, बपऊ दइजा छाप ॥2

लल्लो-चप्पो ना रहा, अमरि रहा हय परेम।
परभू काँही जोहिकै, सबरी पूजिस नेम ॥3

लल्लो-चप्पो जे करयं, नेता दिहीन काम।
चमचा बनकै ता मिला, पइसा कउड़ी दाम ॥4

लल्लो-चप्पो मा होय, नेता ता परसन्न।
उनहिन का सुनिकै रहयं, अपने माँही गन्न ॥5

लल्लो-चप्पो खूबि हो, पामय काँही बोट।
सबतर ता बाँटत हमय, धोती-कुरथा नोट ॥6

लल्लो-चप्पो संहु करयं, पाछे करये घात।
इनही ता नाहीं मिलय, कोहू सेरे मात ।7

लल्लो-चप्पो से होय, बडडे-बडडे काम।
लउधर पाये लेत हें, मेरय मेर इनाम ।8

लल्लो-चप्पो से मिलय, निकही ता सउगात।
चकबिक करकै सूध ता, नापत हें अउकात ।9

आपस माँही जे करयं, लल्लो-चप्पो खूब।
उनहिन केरे जाम ही, गदिया माँही दूब ॥10

लल्लो-चप्पो करि रहें, जस होते गिरदान ॥
मनइन कै घोंघा तरे, लबरी हबै धधान ॥11

हनुमान जी

(बघेली)

परभु हनुमान जी करौं, निहुर-निहुर परनाम,
बिपदा काँही मेट दें, दइउ चिरहुला धाम।

छाती काँही चीरके, धय दिहीन हनुमान,
सीता परभु राम कै, मूरत रखि परमान।

सोन केर लंका जरी, बाढ़ पूँछि हनुमान,
दानउ रामन ता कंपे, उनकर बल का जान।

अमर हमै हनुमान जी, रहत उंई भुइं लोक,
संकटि काँहीं काटि कै, फिटिक देंत हें सोक।

राम भगत हनुमान जी, रहें सेबइक अपारि।
सगले जन लें पूजिकै, असीस हाँथ पसारि।

कलिजुग मांही आसरा, भगवन जी हनुमान,
इनहन कै परताप से, होत हबै कल्यान।

बिपदा काँही हरत हें, रामदूत हनुमान,
जोड़ि हाँथ बिनती करौं, दइ देई बरदान।

उतसउ सगले होत है, जनम दिना हनुमान,
परभू ता बरदान हें, जय हो दया निधान।

महतारी अंजनी हमै, बापू नाउ कपीस,
सगले से बलमान हें, इनहन केर असीस।

बिटिआ
बघेली

बिटियन कै रच्छा करा, दइकै उनही मान,
बीच गइल मा होत है, उनकर ता अपमान।

बिटिया सुख दुख मा रहै, आबय मइके काम,
बाबू दीदी कै रोग मा, दिहिस दबा कै दाम।

घर अँगना कुलकत फिरय, बिटिया सगले हार,
दइजा मँगते हें सगल, तबहिन लगतिहं भार।

बिटिया केरै भाँग ता, पलटय काजे बाद,
मइके ससुरे फासला, करत हबै बरबाद।

बिटिया केरे काम से, बढ़त देस कै सान,
नाउ कल्पना लेत हें, देत सगल हें मान।

फैसन मांही डूबिकै, बिटिया हमै उतान।
सनस्कारि टाँगि कै, सगली परी मतान।

गइल गइल बागत हमै, पलटि भेस सईआद,
बिटिया कै रच्छा करा, सगले है फरियाद।

काकू ता खूबय करयं, घरे मा भेद भाव,
बिटिया खांए झूर ता, दादू साढ़ी चाव।

बिटियन केरे लाज मा, परी डकैती आज।
राबन बगरे खूब हें, लिहें मुखउटा साज।

बिटिया घरि कै सान ही, महतारी कै मान,
अँगना मा चहकय फिरयं, दद्दा केर परान।

बिटिया हमरे देस कै, करतिहं कुल कै नाम,
बेटउनन सेरे कम नहीं, इनहन केरे काम।

तन्दूरे बिटिआ जरी, ओकर करिन सिकार,
कोरय चुपान बैठ हें, समाजि ठेकेदार॥

बुद्धसेन शर्मा

रचनाकार का नाम	:	बुद्धसेन शर्मा (पाण्डेय)
पिता	:	स्व.श्री रामसुंदर पाण्डेय
पता	:	गाँव - मिसिरा, पोस्ट - भीर, तहसील - थाना नई गढ़ी, जिला -मऊगंज
वर्तमान पता	:	छ.ग. हा. बोर्ड भिलाई 32 एकड़ एरिया औद्योगिक क्षेत्र स्टेट बैंक केपीछे एम. आई.जी27
सम्प्रति		सेवा निवृत्त निरीक्षक छ.ग.पुलिस
लेखन कार्य	:	1-सप्तत्रयी, 2-जाह्नवी, 3-अँजुरी (तीन पुस्तकें) आकाशवाणी पाठ, विभिन्न पत्र पत्रिकाओं
सम्मान	:	अखवार कवि सम्मेलन मे सहभागिता। तुलसी अलंकरण सम्मान, ऋतंभरा सम्मान वेदमूर्ति सम्मान, साहित्य सृजन सम्मान और स्थानीय सम्मान

पिता

(विधा -सारछंद, मात्रा भार 16, 12, पदांत 2-2)

धरती से अंबर तक देखा, नहीं पिता सम पाया।
रिश्ते- नाते सबसे बढ़कर, अनुपम रिश्ता भाया।

उँगली पकड़े चलते देखा, रुक -रूक चलते जाना।
नजर कभी भी नहीं हटाना, हँस कर गोदी पाना।

निशिवासर खेतों में रहना, याद बहुत तरसाती।
भूखे रहना नही अखरता, माया कितनी भाती।

बच्चों को जब हँसमुख देखे, सचमुच में हरषाते।
कंधे पर बैठाये चलते, कभी नहीं घबराते।

सारा जीवन श्रम में देखा, हमें देख बहलाते।
मुश्किल चाहे कितनी सिर पर, कभी नही अकुलाते।

आसमान से ऊँचा दिखते, गर्व नहीं है पाले।
जीवन उत्तम रचते रहते, दिखते भोले- भाले।

श्याम

(मात्रा भार-15, वर्ण-9, वार्णिक छंद)

दो चरण सम तुकांत

मापनी-212, 212, 212

मेघ की हो रही गर्जना।
श्याम की हो रही अर्चना।
देव भी आज गाने लगे।
हर्ष के गीत भाने लगे।

छाछ कान्हा चुराते रहे।
बात सारी सुनाते रहे।
गोपियाँ भी सताने लगीं।
साँवरे को बुलाने लगीं।

पास आते नही साँवरे।
गोप गोपी हुए बावरे।
साँझ होते चले धाम को।
नाम लेते चले श्याम को।

बाँसुरी श्याम देते नहीं।
राधिका नाम लेते नहीं
प्यार से पास राधा गईं
प्रीति में बाँवरी हो गईं ।

जयमाला

सरसी छंद आधारित सृजन
मात्रा भार 16, 11
पदांत -ईर

रघुनंदन से सखियाँ बोलीं, कृपा करो रघुवीर।
शीश झुकाएँ थोडा रघुवर, आप बड़े गंभीर।

माला पकड़े सीय खड़ीं हैं, शोभा अति कमनीय।
प्रेम-भाव से भरीं हुईं है, भरे विलोचन नीर।

पास लक्ष्मण खड़े हुए हैं, सोच रहें चुपचाप।
शीध्र दण्डवत पड़े चरण में, समझ गये सिय पीर।

गर्दन झुकते सीता देखीं, खुशियाँ मिली अपार।
जयमाला झट से पहनाई, लगा निशाने तीर।

विधि विधान से मंगल गारी, उत्तम शिष्टाचार।
देव सुमन नभ से बरसाएँ, विप्र परोसें खीर।

प्रेम
(विधा-दोहा)

द्वेष-भाव से नीच गण, भक्ति-भाव से संत।
प्रेम-भाव से गोपियाँ, भजें सदा श्री कंत।

प्रेम बिना कुछ है नहीं, प्रेम जगत का सार।
बिना प्रेम रीझें नहीं, जग के तारण हार।

प्रेम सदा सद्भाव का, प्रेम कामना हीन।
प्रेम साधना भक्ति में, शबरी मीरा लीन।

काम-वासना मुक्त हो, निश्छल हो अनुराग
शर्त नही हो प्रेम में, रखे प्रेम निर्दाग।

प्रेम बिना माधव नहीं, नहीं राम- घनश्याम।
सर्व कामना हीन से, प्रेम रहे अविराम

प्रेम-पपीहा चाहता, प्रेम करे अविराम।
पंख-पखेरू गिर गए, स्वाति -बूँद के नाम।

भौंरा कलियाँ देख कर, मन ही मन मुस्कात।

पुष्प -कली के मध्य में, हर्षित पुलकित गात।

निश्छल अविरल भावना, प्रेमी की पहचान।
पुलकित रहती है सदा, नहीं कभी अभिमान।

मानस

(विधा -चौपाई, मात्राभार 16, 16)

राम चरित मानस अति पावन।
अद्भुत अनुपम सरस सुहावन।1।

चार वेद छह शास्त्र समाए।
तुलसी मानस सुलभ सुहाए।2।

सप्त काण्ड हैं विविध प्रकारा।
जहाँ बसे नित सुरसरि धारा।3।

राम अयन रामायण सोहे।
राम कथा सुनि सुर नर मोहे।4।

राघव महिमा तुलसी गाएँ।
सहज सरल अवधी बरसाएँ।5।

जन कल्याणीं रचना भाई।
सबके हित सबके घर आई।6।

प्रतिदिन पाठ करे चित लाई।
पाप - पुंज हरते रघुराई।7।

गूढ़ कठिन जस सागर पानी।
थाह नहीं बिन भाव भवानी।8।

मूढ़ - मंद मति रघुवर गाथा।
सहज भाव पावत रघुनाथा।9।

भाषा अवधी मिश्रित बोली।
भाव भरे जिमि मिश्री घोली।10।

हनुमानजी

(विधा मानव -छंद, मात्रा-14-14)

मंगल-मूरति मारुत सुत, महाबली बल शाली हैं।
महादूत रघुनंदन के, अनुपम जिनकी ताली है।
सुमिरन करते माता को, मातु बलैयाँ लेती हैं।
जनक दुलारी सीता जी, अजर -अमर वर देतीं है।

राम-कथा के प्रेमी है, और नहीं कुछ करना है।
गदा हाथ में रखते हैं, नहीं किसी से डरना है।
हृदय विराजे रघुवर हैं, साथ खड़े लघु भाई हैं।
वाम-भाग में वैदेही, हर्षित बैठी माई हैं।

मैं अभिमानी पापी हूँ, तुम अघहारी स्वामी हो।
कृपा सिंधु श्री रघुपति हैं, तुम राघव अनुगामी हो।
अभिनंदन है कपिवर को, दया बनाए रहिएगा।
रघुनायक के कार्यों में, सदा सहारा बनिएगा।

शबरी

(विधा- सजल मात्राभार 16, 12, सार छंद आधारित)

रोज सबेरे करे बहारी, शबरी फूल बिछाती।
आज आगमन होगा राघव, सोच-सोच हर्षाती।

राम हमारे कुटी पधारें, लक्ष्य हमारा होगा।
मुर्गा बोले वैसे उठती, जाकर भोर नहाती।

कंद-मूल फल रखी टोकनी, विविध रंग के लायी।
चीख-चीख कर थाली रखती, सुंदर उसे सजाती।

मुनि मतंग जो बचन दिए है, सत्य वही तो होगा।
दर्शन निश्चित राघव देगें, यही मान मुसकाती।

मुनि की वाणी सफल हुई जब, अनुज सहित प्रभु आए।
धन्य हुई है शवरी जग मे, जूँठे बेर खिलाती।

वृक्षारोपण

(विधा-छंद ताटंक, मात्रा भार 16, 14, पदांत-222)

वृक्षारोपण बहुत जरूरी, वृक्ष सदा सुखदायी है।
कल्प-वृक्ष है बरगद पीपल, छाया सबको भायी है।
बरगद महिमा अजब निराली, वास जहाँ त्रिपुरारी है।
अनुपम छाया औषधि पायें, जीव -जंतु नर नारी है।

पुण्य-कर्म है वृक्षारोपण, कहते संत पुजारी हैं।
वृक्षों में सब देव बसे हैं, बैठे डाल मुरारी हैं।
नीम विराजे देवी माता, निर्मल करतीं काया है।
मातु शीतला उमा भवानी, और बसे प्रभु माया है।

बरगद पीपल जहाँ आँवला, वहीं रहे हरियाली है।
आम नीम की शीतल छाया, बहे सदा मतवाली है।
वृक्षारोपण होता रहता, दिखता है अखबारों में।
उचित सुरक्षा मिली नहीं है, मिलती पत्राचारों में।

शुद्ध वायु जल जीवन देते, मरघट यही सजाते हैं।
बड़े काम के वृक्ष हमारे, घर भी यही बनाते हैं।
पर्वत नदियाँ पौधारोपण, हरि के अंग कहाये हैं।
वृक्ष हमारे सदा देवता, शंकर भस्म लगाये है।

प्रमोद मिश्र 'मोदक'

रचनाकार का नाम	: प्रमोद मिश्र 'मोदक'
पिता का नाम	: श्री अभिमन्यु प्रसाद मिश्र
माता का नाम	: श्रीमती चमेलिया मिश्रा
पत्नी का नाम	: श्रीमती वीणा तिवारी
पुत्र का नाम	: प्रवीण मिश्र
शिक्षा	: एम०ए० एवं डीएलेड(Deled)।
वर्तमान सेवा	: शिक्षक एवं पत्रकार।
साहित्य सेवा	: हिन्दी एवं बघेली (कवि एवं लेखक)।
जन्म तिथि	: 27 अगस्त 1987
वर्तमान पता	: कलेक्टर कार्यालय मऊगंज के पास, जिला मऊगंज, पिन कोड 486331,
सम्पर्क सूत्र	: 9200251088
स्थायी पता	: ग्राम+पोस्ट - राजाधौ, थाना - शाहपुर, तहसील हनुमान, जिला - मऊगंज, पिन कोड 486331,
सम्पर्क सूत्र	: 9200251088

(1)

हे! मां तू शारदे कृपा कर दे।
इस मेरे जीवन को गढ़ धर दे॥
हे! मां तू शारदे कृपा कर दे.....
सारे जग की तुम हो माता,
हम सब की हो भाग्य विधाता,
मां अपने चरणों का घर वर दे।1।

हे! मां तू शारदे कृपा कर दे.....
मैं अज्ञानी हूं,
अभिमानी हूं,
हे! मां मेरा निर्मल मन कर दे।2।

हे! मां तू शारदे कृपा कर दे.....
ये ध्येय निष्ठ हो मेरा जीवन,
ऋतु बसंत और हो जाए सावन,
ओ भाव शब्द मेरे उर भर दे।3।

हे! मां तू शारदे कृपा कर दे......
कविता दे मां रस छंद अलंकृति,
मेरे भारत कि वैभव और संस्कृति,
मेरे इन कंठों में अद्भुत स्वर दे।4।

हे! मां तू शारदे कृपा कर दे......
ये मुखरित हो मुझ से कविताएं,
अब ये मां पूर्ण करो मेरी इच्छाएं,
इस मोदक सिर पर मां कर धर दे।5।

हे! मां तू शारदे कृपा कर दे.......

(2)

मेरे राम को लगाओ अपने ध्यान में।
मेरे राम जी बसे हैं मेरे प्राण में॥

मेरे राम को लगाओ अपने ध्यान में.....
रोम - रोम में बसने वाले,
दुखियों के दुःख हरने वाले,
सबकी अर्जी सुनने वाले,
दीन - दुखी संग चलने वाले,
मेरे राम जी सदा हैं मेरी आन में ।1 ।

मेरे राम को लगाओ अपने ध्यान में....
जग का भार उठाने वाले,
सबको गले लगाने वाले,
सीधा - साधा दिखने वाले,
सहज भाव से मिलने वाले,
हर लेंगे तेरे कष्ट एक ही बाण में ।2 ।

मेरे राम को लगाओ अपने ध्यान में......
ऊंचा - नीच भाव नही है,
दिल में कोई घाव नही है,
जनक - जानकी ताप मिटाए,
ओ सबरी जूठे बेर भी खाए,
मेरे राम जी रमे हैं हर बिधान में ।3 ।

मेरे राम को लगाओ अपने ध्यान में.....
माता - पिता के वचन निभाए,
चौदह वर्ष वन में बिताए,
ओ जग के हैं आंख के तारे,
तू प्राणी जप ले सांझ - सकारे,
ये श्रीराम - नाम गूंजेगा जहान में ।4 ।

मेरे राम को लगाओ अपने ध्यान में.......
मां सीता को उनने त्यागा,
प्रेम - माल का तोड़ा धागा,
ये जीवन क्या? है हमे बताया,
भेद - भाव को स्वयं हटाया,
मेरे श्रीराम जी बसें हैं हर प्राण में।5।

मेरे राम को लगाओ अपने ध्यान में....
लक्ष्मण जी से भी मुंह मोड़ा,
और भाई ने भाई को छोड़ा,
ये कैसा हृदय बनाया होगा,
इन कष्टों को भोगा होगा,
ये मेरे राम के प्रमाण हैं पुराण में।6।

ओ मेरे राम,
ओ मेरे श्याम,
ओ तेरा धाम,
ओ तेरा नाम,
मोदक राम को लगाओ अपनी तान में।7।

तेरे राम श्रीराम जी बसें हैं हर प्राण में....
श्रीराम को लगाओ अपने ध्यान में......
मेरे राम जी बसें हैं मेरे प्राण में।
मेरे राम जी बसे हैं मेरे प्राण में॥

(3)

शिवा जैसे वीरों की जवानी हमे चाहिए।
राणा जैसे वीरों की कहानी हमे चाहिए॥

शिवा जैसे ....
बढ़ रहा देश में अन्याय चहु -ओर है,
झूठ फउरेब का सुनाई देता शोर है,
न लूट - पाट - भ्रष्ट राज्य राजधानी हमे चाहिए।1।

शिवा जैसे ....
जिन्हे दामनी की चीख न सुनाई देती कान है,
ओ लूट रहे प्यारी बच्चियों की आन - बान -शान है,
न ऐसे भेड़ियों की जिंदगानी हमे चाहिए।2।

शिवा जैसे..............
क्यों ? बैठे चुप - चाप तुम देखते हो भारती,
बुझ रही तुम्हारी थाली की सजाई गई आरती,
न अब रोती बिलखती बिटिया रानी हमे चाहिए।3।

शिवा जैसे...............
अरे! क्या? टूट गई दिल की तरंग तेरे भारती,
अब ये बढ़ रही मोदक की कलम ढिंग मरती,
न थके हारे वीरों की निशानी हमे चाहिए।4।
शिवा जैसे वीरों की जवानी हमे चाहिए।
राणा जैसे वीरों की कहानी हमे चाहिए॥

(4)

कदम - कदम पर जिनकी यादें,
वादें हैं इंशान से।
उन महा पुरूषों की गाथा को,
मैं गाऊंगा शान से॥

कदम - कदम पर जिनकी यादें.....
खोह - खण्डहर रहने वाले,
हम नही किसी से डरने वाले,
अपनी मेहनत की रोटी को,
हम लेते हैं सम्मान से।1।

कदम - कदम पर जिनकी यादें.....
वे पड़ी गुलामी जंजीरों को,
तोड़ा सबके हांथ से,
और लगा लिया इस देव भूमि की,
धूली अपने मांथ से,
उन वीरों का करते हैं हम,
सत् - सत् बंदन मान से।2।

कदम - कदम पर जिनकी यादें....
अपमान नहीं हम सह सकते हैं,
भारत मां की आन की,
यहां शिवा की गाथा गूंजे,
मस्ती है बलिदान की,
हम कूद पड़ेंगे मर मिटने को,
खेत और खलिहान से।3।

कदम - कदम पर जिनकी यादें....
ये जब - जब जन्म मिले मुझको,
तो सच भारत मां की गोद में,
बड़ा हर्ष होता है सबको,
भीमनाद की गोद में,
परम पूजनीय यह धरती है,
हमको प्यारी जान से।4।

कदम - कदम पर जिनकी यादें.....
ये रहे सुरक्षित राष्ट्र हमारा,
खुशहाली पाए हर जन,
ओ इंकलाब का नारा दे कर,
अर्पित कर गए तन और मन,
अब वही गीत लिख मोदक गाता,
मस्ती और गुमान से ।5 ।

कदम - कदम पर जिनकी यादें.....

(5)

कहने भर को तो हम,
भारती हो गए।
अपनी संस्कृति निशानी,
को हम खो दिए।

कहने भर को तो हम भारती हो गए......
हिन्द हिन्दी नहीं,
मांथ बिन्दी नहीं,
दादा - दादी हमारी पुरानी नहीं,
राजा - रानी की कोई कहानी नहीं,
अब पश्य देशों के चक्कर में,
हम खो गए।1।

कहने भर को तो हम भारती हो गए.....
अब अतिथि बन्दन नही,
श्रीहरि का चंदन नही,
बात बड़े बूढ़ों की कोई सुनता नहीं,
बात सच्चाई की कोई करता नहीं,
आज अपने ही सपनों में,
हम सो गए।2।

कहने भर को तो हम भारती हो गए.....
अब नया धर्म है,
अब नया मर्म है,
अब निगाहों में अपने बड़ा अर्थ है,
अब दया - दान - पूजा सभी व्यर्थ है,
अपनी प्यारी कहानी में,
ओ रो गए।3।

कहने भर को तो हम भारती हो गए.......
अब ओ पानीं नहीं,
घर की रानी नहीं,
खो गए हैं हम स्वार्थ के मैदान में,
एक मशहूर चाहत के अरमान में,
अब मोदक लाचार मजबूर,
हम हो गए।4।

कहने भर को तो हम भारती हो गए....
अपनी संस्कृति निशानी को हम खो दिए..
कहने भर को तो हम भारती हो गए.....

(6)

बदल रहा है आज देश का शदियों का इतिहास।
तिमिर हटेगा देश जगा है होगा नया प्रकाश॥
बदल रहा है आज देश का शादियों का इतिहास.....
दूर हुए जो घर से अपने फिर से घर को आएंगे,
अपनी धरती अपनी खेती फिर से वे कर पाएंगे,
टुटे हुए थे देव शिवालय फिर से रौनक लाएंगे,
घाटी लौटेगा विस्थापित खुशियां नयी मनाएंगे,
जाग उठा है देश हमारा कण - कण छाई खुशहाली,
बहुत दिनों तक शान्त रहे हैं नयी मनाएंगे दीवाली,
केशर क्यारी मह - मह महके लिए खुशी की आस।1।

तिमिर हटेगा देश जगा है होगा नया प्रकाश....
बहुत दिनों तक धारा(धारा 370) रोकी जन - मन का अभियान,
टुट गई ओ कड़ी एक पल जागा देश महान,
मिटा दिया अब कई दशक का देश विरोधी भाव,

अब होगा उन्नति का भारत बदला देश स्वभाव,
बहुत दिनों तक राज किया है दुष्टों का सरदार,
देश नहीं अब चुप बैठेगा कर लेगा अधिकार,
घाटी में अब निश दिन होगा आतंकवाद का नास।2।

तिमिर हटेगा देश जगा है होगा नया प्रकाश.....
यहां बलिदानों से भरा पड़ा है देश का कोना - कोना,
अब हम नहीं रूकेंगे नहीं झुकेंगे सबने मन से ठाना,
बहुत दिनों तक चुप बैठे थे,
हम अपने अपनों से ऐंठे थे,
अब छिड़ा राग है देश जगा है धरे राम का वेश,
'मोदक' मौन नहीं अब भारत बदला है परिवेश,
सच हम ही वीर हैं हम ही धीर हैं जागा है विश्वास।3।

तिमिर हटेगा देश जगा है होगा नया प्रकाश.....
बदल रहा है आज देश का शादियों का इतिहास।
तिमिर हटेगा देश जगा है होगा नया प्रकाश॥

डा0 विभा श्रीवास्तव

रचनाकार का नाम	: डा0 विभा श्रीवास्तव
पिता का नाम	: श्री उमाशंकर लाल श्रीवास्तव
पता	: "सरला सदन" पुलिसलाईन सीधी म०प्र०
विधा	: स्वतंत्र कविता

हिन्द पाक की तकदीर

हिन्द पाक की सरहद बांटती है तार की लकीर।
खेत खलिहान की दूर-दूर तक है एक ही तस्वीर।
देश पर मर मिटने का जज्बा है दोनों में बेशुमार।
हर बच्चा देश का करता गुणगान लुटाता है प्यार।
1947 से पूर्व भरते थे हिंद के आजादी की हुंकार।
अंग्रेजों छोड़ो भारत यही सभी की थी ललकार।
मनहूस घड़ी में बह चली नफरती कूटनीतिक धार।
भारत मां के हुए टुकड़े दोनों की बन गई नई तकदीर।
हिन्द पाक की सरहद बांटती है तार की लकीर।

घर में बेटी आई

धारा का कण - कण तारा बनकर झिलमिलाई।
उर में तरंग छाई मिलने लगी अनंत बधाई।
जब घर में बेटी आई जब घर में बेटी आई॥

मुख मंडल देख उमड़ा हृदय में
प्रेम का अनंत सागर।
प्रफुल्लित हो बेटी के भविष्य की बुनने लगी चादर।
खूब प्यार -दुलार लाड मनुहार करती रहूंगी।
आंखों का तारा मान सदा बलैया लेती रहूंगी।
सुंदर सुखद स्वपन चलचित्र बने, देखते-देखते रात ठहराई।
जब घर में बेटी आई, जब घर में बेटी आई॥

बेटी मेरी आत्मसम्मान स्वाभिमान लाज का रहेगी भंडार।
त्याग, करूणा, सम्मान, दया की प्रतिमूर्ति मानेगा संसार।
साक्ष ईश्वर को मान करने लगी करबद्ध नमन।
मिले ऐसी गिरवर सी उंचाई बन जाऊं मैं तेरी पहचान।
नन्हें-नन्हें पग संस्कार पथ पर बढ़े आ जाये सुखद तरूणाई।
जब घर में बेटी आई, जब घर में बेटी आई॥

विस्मृत कर सब दिवा में ही देखने लगी मीठे मीठे ख्वाब।
अंतरमन में हुई चुभन कसक उठी ऐसी टूटने लगी मेहराब।
आगत में बेटी की जुदाई भी मुझे अकेले ही सहना है।
समाज के समक्ष पीले कर हाथ फर्ज बागदान का निभाना है।
अंतर्द्वंद की अनसुलझी उलझनें हैं आठों पहर छाई।
जब घर में बेटी आई जब घर में बेटी आई॥

मन हो गया उदास पर आत्म विश्वास ने जगा दी आस।
समरथ कर्मठ निष्पक्ष सीख दूंगी करे वही जो आए उसे रास।
नतमस्तक होना बड़ों के समक्ष छोटोंको पलकों पर बिठाना।
दीन - दुखियों पर करना दया जीवन का ये मूल्य बनाना।
गत हो गये सभी अंतर्द्वंद नव खुशियों का ज्वार उफनाई।
जब घर में बेटी आई जब घर में बेटी आई॥

रक्षाबंधन

भाई बहन के स्नेह का बंधन।
हाथों में बधां रेशम का कंगन।

बनता बहन के माथे का नंदन।
त्यौहार है यही रक्षाबंधन॥

श्रावण पूर्णिमा का दिवस पावन।
बन जाता हम सब का मनभावन।

बहन करती भाई का अभिनंदन।
त्यौहार है यही रक्षाबंधन॥

पावन रक्षासूत्र की निर्मल गहराई।
नाप ना सका कोई भी करिश्माई।

युगों से निश्छल प्रेम का है अंकन।
त्यौहार है यही रक्षाबंधन॥

ये रिश्ता बना रहे गिरि सा अडिग।
झंझावात भी ना करसके डिगित।

खिले रहे मन ना बहे कभीअंजन।
त्यौहार है यही रक्षाबंधन॥

रेशमी रक्षा से कलाई ना हो सूनी।
वीर का सुख चैन नितबढ़े चौगुनी।

बहन करती ईश्वर से यही है बंधन।
त्यौहार है यही रक्षाबंधन॥

गणपति आराधना

आओ कर ले हम सब ध्यान हो जाएगा बेड़ा पार।
कृष्ण पक्ष चतुर्थी को पूजें मिलेगा गणपति का वरदान।
अक्षत चंदन रोली हल्दी लग शोभा होती अपरंपार।
धूप दीप नैवेद्य चढ़ाकर बढ़ जाता प्रथम देव का मान।
गणपति नाम की सुधा निराली हर कष्ट सुलझाने वाली।
गौर सुपारी संघ दूब चढ़े हरियाली
मस्तक पर छाये लाली।
भादौं माह की चौथ सुहानी लाती जीवन में खुशहाली।
चंद्रोदय की चतुर्थ घड़ी में लंबोदर दें भेंट शांति देने वाली।
आज कृष्ण पक्ष चतुर्थी है हर गुत्थी बप्पा से सुलझी।
ये पावन दिन गणपति का है खुल जाते सारे संकट उलझी।
सुमिरन कर जोर किया मन से शरण में रहूं सदा सुखी।
विघ्नहर्ता हों प्रसन्न जीवन में परिजन रहे हंसी-खुशी।

राष्ट्रभाषा हिन्दी

राष्ट्रभाषा हिंदी है भारत की सच्ची निर्मल पहचान।
जन-जन की बनी आन बान शान व अभिमान।
राष्ट्रभाषा से सुशोभित हो कर भी है बड़ी आसान।
हम भी गौरवान्वित हो झूमें, है यह गुणों की खान।
जन्म से ही राष्ट्रभाषा नित चढ़ती रही परवान।
राष्ट्रभाषा हिंदी है भारत की सच्ची निर्मल पहचान। 1।

उत्तर दक्षिण पूरब पश्चिम का है यही सूत्रधार।
सहजता सरलता मौलिकता हैं इसके तार।
राष्ट्रीय एकता की डोर को बांधे भाषा बारंबार।
शहर देश विदेश गांव सभी गुण गाए अपरंपार।
प्राणों से भी प्यारी मातृभाषा है हमारी जान।
राष्ट्रभाषा हिंदी है भारत की सच्ची निर्मल पहचान। 2।

बहुभाषी देश में प्रतिमील बोली है रूप बदलती।
हिंदी सबको समेटे सुर- सरिता सी बहती रहती।
हिन्दुस्तानी मस्तक पर सजी बिंदी सा चमकती।
गुलामी के वक्त वीरों में शौर्य का है हुंकार भरती।
शिक्षा की सीढ़ी चढ़ अशिक्षा को बनायें नाशवान।
राष्ट्रभाषा हिंदी है भारत की सच्ची निर्मल पहचान। 3।

भारत की आत्मा है विविधता में बनी रहे एकता।
गुल को गुलसिता बनाने में हिंदी की ही है महत्ता।
त्याग तपस्या समेटे बढ़ाती अपनी नित सुंदरता।
सत्य शुद्ध परिपूर्ण हिंदी बढ़ाती हमारी अस्मिता।
अ अनपढ़ से श्रीगणेश, ज्ञ ज्ञानी बन हो अवसान।
राष्ट्रभाषा हिंदी है भारत की सच्ची निर्मल पहचान। 4।

जीवन

जीवन में करिश्माई,
ईश्वर की सदा खुदाई,
किस्मत की उंचाई,
पाने का जरिया हमें स्वयं ही तो बनना है।
तृण तृण से बने घोसले सा सपना बुनना है।

चहुंओर की चकाचौंध से जुदाई,
भटकते मन की कड़ी कसाई,
नए-नए ठौर पाने की ढिठाई,
अपने पास लाने की दृढ़ता हमें स्वयं ही करना है।
तृण तृण से बने घोसले सा निज सपना बुनना है।

समय की निरंतर चली अंगड़ाई,
होती नहीं सदा ही नित सुखदाई,
चाल हो जाती है कभी लड़खड़ाई,
समय के पक्ष का विकल्प हमें परिश्रम सेअपनाना है।
तृण- तृण से बने घोसले सा निज सपना बुनना है।

विश्वनाथ विश्वास

रचनाकार का नाम	: विश्वनाथ विश्वास
पिता का नाम	: श्री राममिलन विश्वास
पता	: ग्राम देवगढ़ पोस्ट करौंदिया (सेमरिया) तहसील गोपद बनास जिला सीधी मध्य प्रदेश।
संपर्क सूत्र	: 8889047814
विधा	: कविता, कहानी, दोहा, मुक्तक
प्रकाशित कृति की संख्या	: 4 आत्मज्ञान, ज्ञान पुंज, ज्ञानयना, सरस्वती नित्य साधना, इसके अलावा कुछ अन्य साझा पुस्तके।

दोहावली

यह पुड़िया कागज नही, है हीरों का हार।
अगर कहीं मिल जाय तो, खोलो किस्मत द्वार॥

हे मानव भगवान सकल गुणों के खान।
फिर काहे दुख भोगता, अपने को पहचान॥

बहु आयामी आप सब, सुखद सुमंगल काज।
पाकर अपने बीच में, पुलकित है हम आज॥

रस अमृत सागर छिपा, तन में छिपा है ज्ञान।
मन मंथन से ढूढ़ लो, कर लो इसका पान॥

आंख कान है नाक मुख, त्वचा ज्ञान का केंद्र।
इनको जो साधे सदा, बन जाते ज्ञानेंद्र॥

अज्ञानी पर ही सदा, करे गरीबी बार।
बिजई होता युद्ध में, जहां ज्ञान हथियार॥

पहले सुधारे हम सभी, फिर सुधरे परिवार।
गांव पड़ोसी से तभी, सुधरेगा संसार॥

दोहा मुक्तक सोरठा, कुंडलनी के साथ।
कविता में विश्वास का भरा पड़ा इतिहास॥

अवगुण कांटा जगत में, फैला है चहुँ ओर।
सद्गुण जूता पहन कर, निकलो प्रतिदिन भोर॥

तरल पेय पानी रहा, जीवन का आधार।
समय बदलने पर वही, बर्फ करे प्रहार॥

बासी भोजन मान लो, पिता गये जो छोड़।
खाने से पहले उसे, लेना कुछ तो जोड़॥

आय से आधा खर्च कर, ब्यय से दूना काम।
तभी सुखी इन्सान हो, कहते दाता राम॥

अच्छी शिक्षा लीजिए, मिले जहां जो होय।
रत्न कीमती है यही, समझ सके जो कोय॥

स्वविवेक से जो करे, अपना सब कुछ काम।
रोग हटे तन सुख मिले, धन से मिले अराम॥

मिले ज्ञान की बात जब, सुनो सदा चितलाय।
अवगुण सारे नष्ट हो, सद्गुण फल लहराय॥

जो दोहा के भाव में, कमी किया विश्वास।
छमा चाहता आपसे, बनकर सबका दास

मुक्तावली

किसी के काम जो आए, उसे इनसान कहते हैं।
पराया धन को लूटे जो, उसे वेइमान कहते हैं॥
अपने कर्म के अनुसार ही, फल भोगते मानव।
करे उपकार जो हर पल, उसे भगवान कहते हैं॥

सदा सच राह पर चलना, सिखाती वेद की डाड़ी।
विचारों को बदल देती, है कवियों की मधुर वाणी॥
इसे पढ़ते जो सुनते हैं, सदा सतज्ञान के कारण।
सफल होते वही जो हैं चलाए ज्ञान की गाड़ी॥

जिएं जो सादगी जीवन, वे ऊंचा सोच रखते हैं।
कभी ना लोभ करते हैं, नकल से दूर रहते हैं॥
सदा जो आय से आधा ही, खर्चा कर जिया करते।
वही दूना कमा कर के, पढ़ाई रोज करते हैं॥

संस्कारों से जो वंचित हैं, वही अन्याय करते हैं।
गरीबों को सताने में, वे माया जाल रचते हैं॥
जिन्हे उपहार में धन है मिला, अन्याय के बल पर।
कुसंगति के ही कारण से, नशा का पान करते हैं॥

सरल तो काम सब करते, कठिन करके दिखाओ तुम।
बिके फैशन में दुनियां तो, सादगी जी दिखाओ तुम॥
यहां खर्चा फिजूली क्यों करें, नकलो में आकर के।
अगर कुछ कर दिखाना है, तो अवगुण को भगाओ तुम॥

सड़क कितनी भी अच्छी हो, तो करकट आ ही जाते हैं।
मिले जो लोग जितने भी, मुझे पहचान जाते हैं॥
मैं जिंदगी भर हर किसी पर, कर रहा विश्वास।
मगर अपना हि आकरके, बुरा कुछ कर हि जाते हैं॥

विकास

काम तुम्हें है ऐसा करना, पहचान जगत में छाए।
कदम जहां पर रखना बंदे, चिन्ह वहीं बन जाए॥
जीने को तो यूं सब जीते, पर जीना सफल बनाओ।
औरों के हित दीपक बनकर, विश्व मशाल दिखाओ ॥1 ॥

काम तुम्हें है ------------------------- ।
हांथ -पांव को पंख बना लें, ऊपर उड़ना सीखें।
मंजिल उनको ही है मिलती, जिनके सपने तीखें॥
बढ़ सकता है व्यक्ति वही, जो करना सब कुछ सीखें।
सुख-दुख सहने वाला जीवन, समय समय पर सीखें ॥2 ॥

काम तुम्हें है ------------------------ ।
पेट करोड़ों भरते जो हैं, उनके दुगुने हांथ हैं।
भगवान ने रास्ते लम्बे दी, पर चलने के दो पांव हैं॥
पीने को नहि गंदा पानी, आग बुझाने आता है।
जीवन में कुछ पल भी ऐसे, गंदा जीवन आता है ॥3 ॥

काम तुम्हें है ---------------------- ।
मानव की इन्सानी ताकत, एकता सीख सिखाती है।
जहां काम तलवार न आती, सुई काम कर जाती है॥
माइंड पावर उनको भाता, जो अच्छी पुस्तक पढ़ता है।
काम जहां पर मित्र न करता, ज्ञान वहीं कर जाता है ॥4 ॥

काम तुम्हें है -------------------- ।
ध्यान रहे अवगुण हट जाएं, सद्गुण सीख बढ़ाएं।
जीवन में हर पल है जीना, काट छांट अपनाएं॥
पहले निज पर शासन सीखो, फिर अनुशासन पाएं।
जीवन का प्रबंधन करना, समय समय अपनाएं ॥5 ॥
काम तुम्हें है ------------------- ।

कविता

कैसे हो कल्याण जमाना बदल गया।
जनता हुई स्वतंत्र जमाना बदल गया॥

कैसे हो कल्याण ---------------------- ।
प्रजा तंत्र में लोभी बैठे, धर्म तंत्र में भोगी बैठे।
भटके है सब लोग जमाना बदल गया।

कैसे हो कल्याण ----------------- ।
आलस पन जनता में छाई, बिन मेहनत की करे कमाई।
मिले कहां संस्कार जमाना बदल गया॥

कैसे -------------------------------- ।
शिक्षा का बाजार भाव है, सस्ता मंहगा पेंच दाव है।
बिक जाते सब लोग जमाना बदल गया॥

कैसे ------------------------------------ ।
दीन दुखी का नहीं सहारा, नशा पान का चढ़ा है पारा।
बढ़ते अत्याचार जमाना बदल गया॥

कैसे हो कल्याण --------------------- ।

दीक्षा सरस्वती गीत

हे स्वर की देवी मां (s), वाणी में मधुरता दो।
मैं गीत सुनाता हूं (s), संगीत की दीक्षा दो॥

हे स्वर -------------------------------- ।
सरगम का ज्ञान नहीं(s), न लय का ठिकाना है।
गीतों के समन्दर से (s), एक गीत हमें देना॥

हे स्वर ----------------------------------- ।
सीक्षा न दीक्षा है (s), सेवा का भाव नहीं।
बस याद तुम्हारी है (s), जीवन का तार तुम्हीं॥

हे स्वर ------------------------------------ ।

तुम्हे आज सभा में मां (s), आना ही आना है।
भक्तों की सभा में मां (s), तुम्हें दरस दिखाना है॥

हे स्वर -------------------------------- ।

राज नारायण द्विवेदी

रचनाकार का नाम	: राज नारायण द्विवेदी
साहित्यिक नाम	: राज द्विवेदी "राज "
पिता का नाम	: श्री ऊधव प्रसाद द्विवेदी
पता	: बैंक कालोनी ब्लाक नंबर 1 कमरा नं G 4 सरला नगर, मैहर, मध्यप्रदेश (मैहर सीमेंट)
संपर्क सूत्र	: 9993915237
विधा	: पद्य (गीत/ मुक्तक)एवं गद्य विधा (लघुकथा/संस्मरण)

त्याग, पिता का कितना अनुपम

जो दधीचि सम दानी हैं नित, जिनका त्याग सदा है निरुपम।
त्याग, पिता का कितना अनुपम॥

भागीरथी से पावन है नित,
वे करुणा में सावन हैं नित,
शीतल हैं निर्झर के जैसे,
किन्तु क्रुद्ध में प्लावन हैं नित,
जिनका जीवन है साधक सा, जिनका जीवन है नित अधिगम।
त्याग, पिता का कितना अनुपम॥

पिता सखा की भांति सरल हैं,
पिता गुरु सम अमृत जल हैं।
पिता बंधु सम एक भुजा नित-
पिता सत्य स्वर स्वयं गरल हैं,
पिता नेह औ निष्ठुर दोनों, सुख के हेतु बने जो संगम।
त्याग, पिता का कितना अनुपम।।

मोम सरीखे खपा रहे तन,
बांट रहे आलोक मुदित मन।
निज जीवन के कठिन डगर में,
मुस्काता जिनका नित आनन॥
कानन सम वो हरे -भरे से,
किन्तु छुपाए मन में क्रंदन।
त्याग, पिता का कितना अनुपम॥

पिता जिएं समिधा सम जीवन

आहुति करते हवन कुण्ड में, श्रम सीकर से अनुपम चन्दन।
पिता जिएं समिधा सम जीवन॥

जो सरिता के कूल सरीखे,
हैं गुलाब के फूल सरीखे,
हैं प्रस्तर के जो मग जैसे -
दिखते हैं जो शूल सरीखे,
किन्तु हृदय -नवनीत सरीखे, उनके उर में नित-स्पंदन।
पिता जिएं समिधा सम जीवन॥

बरगद के नित छांव दिखे जो,
गहरी नदिया नाव दिखे जो,
जिनकी कीमत वक्त बताए,
शब्दों के ही भाव दिखे जो,
ममता के जो लेख लिखें नित, धरते हिय में नित -नित मधुवन।
पिता जिएं समिधा सम जीवन॥

अम्बर सम आधार पिता है,
ईश्वर सम साकार पिता है,
जिसके रहने पर ही सब कुछ,
ऐसा ही संसार पिता है,
पारा वार पिता का जीवन, जिसका अनुपम है आलिंगन।
पिता जिएं समिधा सम जीवन॥

यहां शेष अब स्मृतियां ही

कृति -सरीखे इस जीवन की,
बचीं शेष अब है प्रतियां ही।

जब से गए हो तुम जीवन से,
जैसे प्राण, ,, ,,, गए हों तन से,
टूट चुका हूं, ,, ,, अन्तर्मन से,
हारा हुआ हूं जीवन रण से,
कटती केवल हैं रतियां ही।
यहां शेष अब स्मृतियां ही॥

भाव सुमन मैं तुम पर वारूं,
शब्दों में भी, ,, ,,, तुम्हें निहारूं,
हा, कैसे मैं, ,,, , आज बिसारूं,
हारूं मैं अब सोच- सोच कर-
तेरी मधुर -मधुर कृतियां ही।
यहां शेष अब स्मृतियां ही॥

मां का है अब सूना दामन
खाली पड़ा हुआ है आंगन,
तुम थे तब लगता था मधुवन,
आज शेष हैं खेल खिलौने,
और शेष बस आकृतियां ही।
यहां शेष अब स्मृतियां ही॥

यह जीवन भी है नित अधिगम

त्रुटियों का नित होता निर्गम, जो करते हैं निज- मूल्यांकन।
यह जीवन भी है नित अधिगम॥

तटिनी सदा -सदा निर्झर से, जल का करती नित- नित संचय।
और जलधि भी याचक बनकर, सरिता से नित करता अनुनय॥

अधिगम की यह सतत् प्रक्रिया, करती जीवन का संप्रेषण।
यह जीवन भी है नित अधिगम॥

जलधर भी करने जल संचय, याचक बनकर आते सागर।
और वाष्प को अवशोषित कर, भरते हों नित जैसे गागर॥

धरणी खड़ी याचिका जैसी, करने विटप स्वयं संरक्षण।
यह जीवन भी है नित अधिगम॥

जो दिनेश के नित प्रकाश को, पुहुप सदा करते अवशोषित।
खाद्य- श्रृंखला को निर्मित कर, निज जीवन को करते पोषित॥

है परिपक्व कहां कोई भी, अधिगम से करते परिमार्जन।
यह जीवन भी हैं नित अधिगम॥

जीवन की गति रहे निरंतर, और प्रगति रहती निर्बाध।
यही सफलता की कुंजी है, जिसके पास शेष है साध॥

मन में चाह और मीमांसा, लक्ष्य साधना का है आगम।
यह जीवन भी है नित अधिगम॥

"यह जीवन भी एक व्याकरण "

सार्थक और निरर्थक शब्दों, से करते मन का परिमार्जन।
यह जीवन भी एक व्याकरण ॥

वर्ण माला फिर शब्दों का, और वाक्य का देते ध्यान।
अल्प अर्द्ध औ पूर्ण विरामों, का देखें नित- नित स्थान ॥

जैसे कोई घर का मुखिया, निज कुटुम्ब का, करता मंथन।
यह जीवन भी एक व्याकरण ॥

लय तुक ताल भार माला का, सुन्दर सस्वर करते वाचन।
पद की गरिमा तब ही संभव, हुआ व्याकरण का जब पालन ॥

संयम बिना कहां संग्रह है, ऐसा ही जीवन का बंधन।
यह जीवन भी एक व्याकरण ॥

जीवन का पथ ही स्वर माला, जीवन का पथ ही है व्यंजन।
कुसुम सरीखे सभी सुवासित,
सब हैं सस्वर सब में सरगम ॥

हृदयांगन में नूतन शब्दों का, हो नित नित ही नव नर्तन।
यह जीवन भी एक व्याकरण ॥

"अगर रहल हो जाता जीवन "

शिरोधार्य रामायण का कर, जीवन भर मैं करता अर्चन।
अगर रहल हो जाता जीवन॥

शब्दों के सागर में मोती,
राम नाम का सार लिए से।
छंदों की माला पहने जो,
एक नया उपहार लिए से॥

जैसे धार भगीरथ पावन, करते कलुष भाव का तर्पण।
अगर रहल हो जाता जीवन॥

बनकर जलद सरस सब लूटें,
और अश्रु जल बनकर बरसें।
जिसको अवध की आंखें तरसीं,
देख -देख कर आंखे हरषें॥

स्वाती की कुछ बूंदों जैसे, करता हो मन जैसे नर्तन।
अगर रहल हो जाता जीवन॥

अलि, मेरे जीवन -प्रसून का, सौरभ फैले सभी दिशाएं।
और कूक सी मानों कोयल, या निर्झर की नित धाराएं॥

मोह कपट के इस कारा से, मुक्त सदा हो जीवन -बंधन।
अगर रहल हो जाता जीवन॥

समर्पण

नेह के इस कुण्ड पर जो, हवन सम कर देह अर्पण।
शलभ सम हो गर समर्पण॥

प्रेम हो जो राधिका का, प्रेम मीरा का मिलन।
प्रेम का ढाई ये अक्षर, कलुष का करता दमन॥

है नमन उस श्याम सुख को, पातकी को मिले दर्शन।
शलभ सम हो गर समर्पण॥

ब्रह्म के जिस ज्ञान से, उद्धव सयाने से दिखे।
हाय, कोरे ज्ञान में, उन गोपियों ने क्या लिखे॥

ब्रह्म के उस ज्ञान को भी, जो दिखाया प्रेम दर्पण।
शलभ सम हो गर समर्पण॥

गीत मेरे मीत से नित, नेह का अवधान कर ले।
शब्द के इस सार सागर, मे सदा स्नान कर लें॥

पान कर नित प्रेम आंसू, हो कलुष का नित्य तर्पण।
शलभ सम हो गर समर्पण॥

यह समर्पण है वहीं गूंगे के गुड़ सी नित कथा।
जो हृदय की पीर में भी, मानता हो सुख यथा॥

प्रेम से प्यासे हृदय की, वेदना का यही है प्रण।
शलभ सम हो गर समर्पण॥

सुखनंदन प्रजापति 'सुख'

रचनाकार का नाम	: सुखनंदन प्रजापति (सुख)
पिता का नाम	: श्री विश्वनाथ प्रजापति
पता	: ग्राम+पोस्ट कोल्हूडीह जिला सीधी (म.प्र.)
मोबाइल नंबर	: 9981040401
विधा	: कविता

तुलसी जयंती

तुलसी सा कोई नाम, कोई संत नही है।
श्री रामचरित मानस सा, ग्रंथ नही है।

जिसने श्री हरि की, लीलाएं हैं लिखी।
भक्त ने भगवान से, सीमांयें हैं सिखी॥

रावण के कुल सा कोई, अंत नही है।
श्री रामचरित मानस सा, ग्रंथ नही है॥

तुलसी सा कोई नाम, कोई संत नही है।
श्री रामचरित मानस सा, ग्रंथ नही है॥

प्रसिद्ध सीता-माता, अपने त्याग के लिए।
वानरों की सेना, श्रीराम के लिए॥

दुनियां में कोई दूजा, हनुमंत नही है।
श्री रामचरित मानस सा, ग्रंथ नही है।
तुलसी सा कोई नाम, कोई संत नही है।
श्री रामचरित मानस सा, ग्रंथ नही है॥

छंदों का प्यारा संगम, अलंकार के दिए।
दुनियां हुई है कायल, रस-पान के लिए॥

भगवान को पाने का, ऐसा पंथ नही है॥
श्री रामचरित मानस सा, ग्रंथ नही है॥
तुलसी सा कोई नाम, कोई संत नही है।
श्री रामचरित मानस सा, ग्रंथ नही है॥

भारत की तस्वीर बदल दो कलम की धारों से

उठो धीर-युगवीर प्रणेता, डरो नहीं तलवारों से।
भारत की तस्वीर बदल दो, अपनी कलम की धारों से॥

हिन्द के वीर-जवान सपूतों, के सीने में रोष भरो।
देश-प्रेम से ओत-प्रोत हों, ऐसा मन में जोश भरो॥

भारत माता की जय गूंजे, गली-घाट चौबारों से।
भारत की तस्वीर बदल दो, अपनी कलम की धारों से॥

उठो धीर-युगवीर प्रणेता, डरो नहीं तलवारों से।
भारत की तस्वीर बदल दो, अपनी कलम की धारों से॥

कभी भावना में न बहना, करुणामयी स्वभावों से।
देश-द्रोहियों मक्कारों के, क्षल-बल और प्रभावों से॥

धधक रही जो देश-प्रेम की, ज्वाला बन अंगारों से।
भारत की तस्वीर बदल दो, अपनी कलम के धारों से॥

उठो धीर-युग वीर प्रणेता, डरो नहीं तलवारों से।
भारत की तस्वीर बदल दो, अपनी कलम की धारों से॥

देश-प्रेम-सुख-भाईचारा, खुशहाली की बात करो।
भारत गौरव शाली हो, जग रोशन अपना नाम करो...

बुलडोजर और मकान

जा महल के सामने, खड़ा हुआ एक गोजर।
उठाकर सिर अकड़कर, फिर गरजा बुलडोजर।

बुलडोजर बोला मकान से-
तेरी शानो-शौकत को, एक झटके में उखाड़ दूंगा।
सर कुचल दूंगा, मसल दूंगा, मिट्टी में मिला दूंगा॥
बुलडोजर जब गुर्राया, महल देख थर्राया।
रोया-गिड़गिड़ाया, चीखा-चिल्लाया, करुण क्रंदन सुनाया।

मकान बोला-
अपराधी इंसान है, इसमें मेरा क्या दोष है।
समझ नही आता तुझको, क्या बोस तेरा बेहोश है।
मेरे ही जैसे शख्स हो, तुम मेरा जीवन बख्श दो।
इसमें मेरा क्या कसूर है ? जब कोई एक नसूर है।
केवल एक अपराधी है, बांकी इंसान जरूर हैं।
खून-पसीने से सींचकर, मुझे बनाया मजदूरों ने।
कई बरस तक कष्ट सहे हैं, नव विवाहिता जोड़ों ने।
पैसा खर्च हुआ है देखो, एक-एक ईंट के जोड़ों में।
कई गुना बलिदान दिए हैं, कीड़े और मकोड़ो ने।

बुलडोजर बोला-
मैं छोडूंगा नही, जब तक सर फोडूंगा नही।
बेटा तू चांद को चला था छूने, अपनी औकात दिखाने॥
मैं मानूंगा नही, जब तक मिट्टी में गाडूंगा नही॥
बस तेरी यही गलती है, तुझे देख दुनिया जलती है॥
लोगों की थी शिकायत मुझसे, था यहां एक नाला।
हड्डी-पंसली तोड़ डालूंगा, तेरी मैं अब लाला॥

बुलडोजर बोला-
मैं छोड़ूंगा नही, जब तक सर फोड़ूंगा नही।
बेटा तू चांद को चला था छूने, अपनी औकात दिखाने॥
मैं मानूंगा नही, जब तक मिट्टी में गाड़ूंगा नही॥
बस तेरी यही गलती है, तुझे देख दुनिया जलती है॥
लोगों की थी शिकायत मुझसे, था यहां एक नाला।
हड्डी-पंसली तोड़ डालूंगा, तेरी मैं अब लाला॥

पेंड़ का महत्त्व

चला चली अब हम सब मिलि जुलि, दस-दस पेंड़ लगाई।
पेंड़ देत हैं फल-लकड़ी व दवा-हवा-परछाईं॥

नही दुआरे बाड़-बेढ़ौटी, और नही है टटिया।
टूटि घरे की पलंग व कुर्सी, अउर टूटि है खटिया॥

पहिले होत रहा रोगेन का, पेंड़ेन से उपचार।
इमली, जामुन, तेंदू, बीही, महुआ, आम अचार॥

याद करा बचपना का, सामन मा झूली-झूला।
टूटा दांत न खांसी आई, नीम मुखारी-कुल्ला॥

नीम का पाती अन्न मा डारयं, लगें कबो न किरवा।
बासुदेव नहवावय खातिर, रहा गांव मा बिरवा॥

बरहौं मा जब बनै खटोला, सुंदर पेरुआ-पाटी।
दुलही-दुलहा बैठि पालकी, नाचत चलैं बाराती॥

सोचो अगर पेड़ न होते, कैसे जीवन जीते।
फसल न होती बिन वर्षा के, पानी कहां से पीते॥

चला चली अब हम अपने, जन-जीवन मा अपनाई।
धरती का श्रृंगार है जंगल, मिलि-जुलि इसे सजाई॥

सच्चाई का आनंद

बेइमानी एक मनोरोग है, जाता नहीं दवाई में।
जो आनंद मिले सच्चाई, वो न मिले हवाई में॥

सच्चाई की राह चलें जो, वही नेक इंसान हैं।
मानव-मानव से प्रेम करें जो, वही पूज्य-भगवान हैं।

वेइमानी में पकड़ गए जो, उलझे जगत हंसाई में।
जो आनंद मिले सच्चाई, वो न मिले हवाई में॥

सच की राह कठिन है मानो, फिर भी होती हार नही।
बेइमानी करने वाले, धन पाते हैं व्यवहार नहीं॥

माता-पिता न भाई चीन्हें, दौलत और कमाई में।
जो आनंद मिले सच्चाई, वो न मिले हवाई में॥

चलकर बेइमानी की राहें, जो भी हैं धनवान बनें।
अहंकार जब उपजे मन में, निर्बल भी बलवान बनें॥

उपजें पूत-कपूत कलंकित, कुल-धन नष्ट अढ़ाई में।
जो आनंद मिले सच्चाई, वो न मिले हवाई में॥

आओ सच की राह चलें, कुल चरितवान-गुणवान् बनें।
मिले मान-सम्मान जगत में, सर्वगुणों की खान बनें॥

परहित सरिस धरम नहि भाई, बीते उमर गवाई में।
जो आनंद मिले सच्चाई, वो न मिले हवाई में॥

वेइमानी एक मनोरोग है, जाता नहीं दवाई में।
जो आनंद मिले सच्चाई, वो न मिले हवाई में॥

शंकर सिंह'दर्शन'

रचनाकार का नाम	: शंकर सिंह'दर्शन'
पिता का नाम	: स्व०श्रीकेमल सिंह
पता	: चँदरेह, जिला-सीधी(मप्र)
हाल मुकाम	: व्यौहारी, जिला-शहडोल(मप्र)
सम्पर्क सूत्र	: 9165694669
विधा	: खड़ी हिन्दी तथा बघेली में।
प्रकाशित कृतियों की संख्या	: एक(बघेली लघुकथा संग्रह)
सम्प्रति	: निवर्तमान प्रधानाध्यापक।

मरै बुढ़ापा ज़िन्दगी
(बघेली)

ऑखिन चश्मा है चढ़ा,
उज्जर होइगें बाल।
काने नहीं सुनाय अब,
कइसन मचा बवाल॥

जब तक पानी नहिं मिलै,
बइठ खुजाई मूड़।
पूर जमानी बीति गै,
भएन दिनौदिन बूढ़॥

अब जिउ जॉगर नहिं चलै,
बइठ रही चिल्लात।
सुनत हैं -पै गुनैं नहीं,
बइठ रही बिल्लात॥

जिनकर तोरा हम किहेन,
डॉटइ लागें खूब।
"काहे तू चिल्लात है",
लागइ बहुत अजूब॥

खोदि खोदि पूँछत रहें,
हमसे चालिस बेर।
पूँछी एकउ बेर हम,
डॉटइ ईं अंधेर॥

मरै बुढ़ापा जिन्दगी,
गोड़ चलै नहिं हाथ।
'दर्शन'ऑखी-कान कुछ,
देयँ नहीं अब साथ॥

चुपके से आ जाना तुम

सूरज अस्ताचलगामी हो,
चन्दा भी मुस्काए जब।
लगें बोलने पथ में झींगुर,
चुपके से आ जाना तुम॥

बस्ती में जब सोजाएँ सब,
गलियों में सन्नाटा हो।
घर मेंभी जब सोजाएँ तब,
चुपके से आ जाना तुम॥

रजनी का स्वागत करने को,
अम्बर पुष्प खिलें हों जब।
कमरे का दरवाजा ढँक कर,
चुपके से आ जाना तुम॥

सुना हूँ काफी सोहरत है,
अच्छा आज मुहूरत है।
ललचाया मन बतियाने को,
चुपके से आ जाना तुम॥

हम गलबहियां डाल चलेंगे,
नदी किनारे बैठेंगे।
आज रात भर बात करेंगे,
चुपके से आ जाना तुम॥

जगें नहीं घरवाले 'दर्शन',
तुम्हें पहुँचना होगा घर।
अपनें बिस्तर में घर जाकर,
चुपके से सो जाना तुम॥

सवैया (बघेली)

आरति थाल सजाय चली-
बहिनी, तब बोलि परा कउआ।
भाइ दुनौ सुबहै उठि के-
मिलि साथइ ढूँढ़ि रहें पउआ।
हालत देखि खड़ी चउआन-
धरा सिर बोझ हबै झउआ।
रेशम डोरि बँधै कइसे-
इँ त दूनउ छानिन हैं पउआ॥

कुण्डलिया

बड़भागी 'झुमका' हुआ, चूमें दोनों गाल।
हुई अभागी 'पैजनी', रही बजाती ताल॥

रही बजाती ताल, धूल है खाती रहती।
लटक रही 'गलहार', माथ पर 'बेंदी' फबती॥

कहि 'दर्शन'बिदुराय, कमर 'करधनी' सुभागी।
गालों को सहलाय, रहा 'झुमका' बड़भागी॥

मां से बढ़कर कौन

(दोहे)

बच्चा रहता पेट में, माता के नौ माह।
मां की अनुपम गोद में, सारे सुख की राह॥

मखमल की गद्दी नहीं, जस माता की गोद।
बच्चे को मिलता यहीं, सारे सुख का मोद॥

माता रखती है सदा, निज बच्चे का ध्यान।
मां से बढ़कर कुछ नहीं, मां होती भगवान॥

ढूँढ़ि लिया ब्रह्माण्ड में, फिर भी सब हैं मौन।
क्या बताएगा कोई, मां से बढ़कर कौन॥

होती मां तीरथ-बरथ, मां होती भगवान।
मां से नहिं कोई बड़ा, जानै सकल जहान॥

माता होती प्रथम गुरु, देती सुंदर ज्ञान।
आज्ञा उसकी मानना, करना मत अपमान॥

बृध्दाश्रम नहिं भेजना, मां है घर की शान।
बूढ़ी मां को चाहिए, दो रोटी का मान॥

शंकर्षण प्रसाद द्विवेदी

रचनाकार का नाम	: शंकर्षण प्रसाद द्विवेदी (एस.पी.द्विवेदी)
उपना	: "अर्चक"
पिता का नाम	: श्री राम स्वरूप द्विवेदी
जन्म तिथि	: 01-05-1960
पता	: ग्राम-अमहाँ, पोस्ट आफिस -उकरहा जिला सीधी (म. प्र.)
संप्रति	: सेवानिवृत शिक्षक
लेखन विधा	"गीत, मुक्तक, सवैया, घनाक्षरी, दोहा, गीतिका, मात्रिक एवम वर्णिक छन्द आधारित रचनाएँ
प्रकाशित कृतियाँ	: विन्ध्य के कलमकार भाग 1(साझा पुस्तक)

" वसुधा वन्दन"

मुखड़ा : --
जगत पूज्य है हिन्द की ये धरा।
बड़ी पावनी हिन्द की ये धरा॥

अन्तरा : --
करूँ मातृ-भू की सदा अर्चना।
करूँ इस धरा की सदा वन्दना॥
झुका शीश पग में करूँ नित नमन।
रहे इस धरा पर हमेशा अमन॥
कहूँ मैं सदा आपनी ये धरा।
बड़ी पावनी हिन्द की ये धरा॥1॥

लिए जन्म राघव इसी ही धरा।
लिए जन्म केशव इसी ही धरा॥
किए धर्म कारज यहाँ पर प्रभू।
किए दुष्ट मर्दन यहाँ पर प्रभू॥
कहूँ मातु मेरी सदा ये धरा।
बड़ी पावनी हिन्द की ये धरा॥2॥

लिए जन्म योधा अनेकों यहाँ।
किए राष्ट्र सेवा सदा ही यहाँ॥
दिए दान जीवन बिना गम किए।
हुए हैं अमर प्राण अर्पण किए॥
बना हिन्द बलिदानियों की धरा।
बड़ी पावनी हिन्द की ये धरा॥3॥

दिया अन्न पानी सभी को सदा।
किया आप पोषण सभी का सदा।
कहूँ जग की जननी इसे मैं सदा॥
दिखे स्वर्ग से भी बड़ी ये सदा॥

बड़ी ही निराली कहूँ ये धरा।
बड़ी पावनी हिन्द की ये धरा ॥4 ॥

सभी धाम तीरथ बसे इस धरा।
वही गंग धारा इसी ही धरा ॥
करें वास शंकर सदा ही यहाँ।
करें साधना सन्त मुनिवर यहाँ ॥
कहूँ गर्व से हिन्द की ये धरा।
बड़ी पावनी हिन्द की ये धरा ॥5 ॥

" सार्थक जीवन "

मुखड़ा : --
नेह, करुणा, दया हो, हृदयता भरी।
जिन्दगी आपनी हो, सफलता भरी ॥

अन्तरा : --
प्रेम दीपक जले, दूर अंधियार हो।
प्यार बहता दिलों में, सरस धार हो।
प्रीति पावन रखें हम, सरसता भरी।
जिन्दगी आपनी हो, सफलता भरी ॥1 ॥

प्रीति की रीति नित ही, निभाते रहें।
राह सच्ची पथिक को, दिखाते रहें।
भाव में हो मनुजता, सहजता भरी।
जिन्दगी आपनी हो, सफलता भरी ॥2 ॥

लोक की लाज का नित्य ही ध्यान हो।
राष्ट्र हित का हमेशा, हमें भान हो।
नित्य वाणी सुनायें, मधुरता भरी।
जिन्दगी आपनी हो, सफलता भरी ॥3 ॥

वृक्ष और धरा

पावनी इस धरा को सजाएँ सभी।
पेंड़ फलदार सुरभित लगाएँ सभी ॥ 1 ॥

आज धरती विकृत रूप में दिख रही।
माँ धरा को सँवारें सँजोएँ सभी ॥ 2 ॥

रो रही मातु धरती क्षरण हो रहा।
मातु को दुर्दशा से बचाएँ सभी ॥3 ॥

धूप से मातु की गोद तपती सदा।
पेंड़ को रोप छाँया दिलाएँ सभी ॥ 4 ॥

माँ-धरा को सुरक्षित रखें हम सदा।
पुण्य का काम है, फल कमाएँ सभी ॥ 5 ॥

पेड़-पौधे लगा हम सुसज्जित करें।
मातु शोभा निरन्तर बढाएँ सभी ॥ 6 ॥

स्वर्ग से श्रेष्ठ है मातृ-भू आपनी।
मातु को अति सुशोभित बनाएँ सभी ॥7 ॥

मातु "अर्चक" बनें मातु सेवा करें।
भक्ति का भाव हिय में जगाएँ सभी ॥8 ॥

राष्ट्र-प्रेम

मस्तक ऊँचा रहे राष्ट्र का, कभी न झुकने पाये।
इसका गौरव अतुलनीय है, कभी न लुटने पाये ॥1 ॥

राष्ट्र हमारा सर्वोपरि है, इससे उच्च न कोई।
देखो इसके शान-मान पर, आँच न लगने पाये ॥2 ॥

पुण्य पुरातन इसकी संस्कृति, शुचता भाव जगाती।
सदा बचाकर इसको रखना, कभी न मिटने पाये ॥3 ॥

इस धरती की मिट्टी चन्दन, माथे तिलक लगायें।
किन्चित इसकी गरिमा कोई, कभी न छलने पाये ॥4 ॥

वरदानी है राष्ट्र हमारा, देवों से अच्छादित।
इसका मूल्य बढाते रहना, कभी न घटने पाये ॥5 ॥

स्वागत करती प्रकृति राष्ट्र का, ऋतुएँ खुशियाँ देतीं।
सुखद कामना रखें सदा ही, कभी न दुखने पाये ॥6 ॥

रीति-नीति की राह गहें सब, करें नियामक पालन।
नियम विरोधी पथ पर कोई, कभी न चलने पाये ॥7 ॥

सदा रहे सुख-शान्ति राष्ट्र में, उन्नति द्रुतिगति होवे।
इसके सिर बिपदा की बूँदे, कभी न गिरने पाये ॥8 ॥

अन्तस मे नित रखें समर्पण, भाव रखें बलिदानी।
दुश्मन अपना पाँव राष्ट्र में, कभी न रखने पाये ॥9 ॥

आपस में सौहार्द्र बढाएँ, करें राष्ट्र हित बातें।
ईर्ष्या, द्वेष, जलन की गाँठें, कभी न पड़ने पाये ॥10 ॥

वीणावादिनी की अर्चना

वीणापाणि मधुरमय कर दो, वीणा की झंकार।
ज्ञानामृत की धार वहा दो, होकर हंस सवार ॥1 ॥

माँ वागेश्वरि वीणा ध्वनि में, भर दो मीठी तान।
माँ तेरे वीणा के अन्तस, अनुपम है उद्गार ॥ 2 ॥

करती मातु कृपा जब महती, मिलता सच्चा ज्ञान।
हंसवाहिनी के उर में है, विद्या का भंडार ॥3 ॥

देख आचरण पावन निर्मल, करती मन में वास।
दिव्य ज्योति माँ हिय में भरती, जननी परम उदार ॥4 ॥

हरती हिय के अंध सभी मां, भरती वुद्धि प्रकाश।
सचमुच सारे जीव जगत की, माँ जीवन आधार ॥5 ॥

अंधे, लँगड़े, गूँगे सबको, माँ देती वरदान।
अखिल विश्व में केवल माँ ही, विद्या की दातार ॥6 ॥

माँ जीने की कला सिखाती, दिखलाती सच राह।
पार लगाती जीवन नैया, माँ करती उद्धार ॥ 7 ॥

भक्ति भाव से जो भी करता, माता का नित ध्यान।
हर्षित होकर विद्या धन का, माँ देती उपहार ॥ 8 ॥

तेरी महिमा अगम अगोचर, करता जग यशगान।
ज्ञान, बुद्धि माँ हिय में भर दो, कर दो दूर विकार ॥ 9 ॥

यावत जीवन करूँ अर्चना, याद रखूँ उपकार।
चरणों में शरणागत 'अर्चक', माँ सेवक स्वीकार ॥ 10 ॥

कुण्डलिया

(1)

सारे जग को विदित है, नशा नाश की मूल।
धन की होती हानि नित, प्रकृति होय प्रतिकूल॥
प्रकृति होय प्रतिकूल, जीवन नष्ट हो जावे।
अतिशय दुर्गति होय, नित अपमान ही पावे।
"अर्चक" कहीं न ठौर, जगत में दिखता न्यारे।
वदनामी चहुंओर, होवे जगत में सारे॥

(2)

गुरुवर देते प्रेरणा, सदा करो सत्कर्म।
परहित की निज भावना, सच्चा मानव धर्म॥
सच्चा मानव धर्म, जीव को शक्ति प्रदाता।
जीवन होवे धन्य, प्रभु पग शरण है पाता॥
ऐसा जिसका कर्म, रखते ध्यान हैं रघुवर।
"अर्चक"सुनो महान, सचमुच जगत में गुरुवर॥

(3)

ऐसा कारज करें हम, जिसमें दिखे न द्वेष।
दूजे को लागे भला, जगे न मन में रोष॥
जगे न मन में रोष, ऐसा भाव दर्शायें।
न्यायोचित हो काज, सभी का मन हर्षायें॥
जैसा अपना कर्म, मिले सदैव फल वैसा।
"अर्चक"शुचितापूर्ण, कृत्य मेरा हो ऐसा॥

(4)

अपने गुरुता का ध्यान, रखा नहीं जो आप।
उसको प्रकृति अवश्य ही, देता है अभिशाप॥
देता है अभिशाप, सर्वस नष्ट हो जाता।
सूझे उसे न सत्य, लघुता कार्य ही भाता॥
जग में होत हँसाय, धूलित होय सब सपने।
"अर्चक "ऐसे वक्त, दूर हो जाते अपने॥

(5)

जिसका निष्ठुर दिल हुआ, करे नहीं सतकर्म।
हितकर रखे न भावना, गहे न सच्चा धर्म॥
गहे न सच्चा धर्म, भाव कुभाव ही राखे।
रहे सदा मद-अंध, वाणी दुखद ही
भाखे॥

जाके हिय अस भाव, जीवन व्यर्थ है उसका।
दुखमय "अर्चक" अन्त, ऐसा कर्म है जिसका॥

सवैया

(1)

चित में नित ध्यान धरूँ अपने, गिरिजा सुत का शुभ रूप सदा।
उर में गणनायक वास करें, परिपूरण कारज होय सदा।
नहिं विघ्न रहे शुभ मंगल हो, सब सिद्धि करें अभिप्राय सदा।
निज अर्ज यही प्रभु गर्जमयी, लिख भाव करूँ, प्रभु माँग सदा॥

(2)

कौन सुहावन गीत लिखूँ अब,
होहिं प्रसन्न सुने नित शारद।
भाव जगे नहिं सुप्त भयो सब,
शब्द भले नहिं सूझहिं शारद।
ज्ञानमयी उर ज्योति घटी अब,
बात कहूँ मन की सच शारद।
बौद्धिक शक्ति प्रदान करो अब,
अर्चक की विनती सुन शारद॥

(3)

नेह भरे नव छन्द लिखूँ नित,
गान करूँ नित भाव भरे मन।
शान्ति मिले सुख भोग करें जन,
हर्ष गहें अपने मन ही मन।
अर्ज सुनो जग की जननी अब,
ज्योति मिले अरु ज्ञान गहे मन।
धन्य करूँ निज जीवन को अब,
भाव भरा यह अर्चक के मन॥

(4)

सरयू तप में अवधेश पुरी, जहँ वास करैं रघुराज लला।
सँग सोहति हैं जग की जननी, करतीं नित ही नित लोक भला।
रखवार बनें प्रभु आप धरा, परिपूर्ण स्वयं हर शास्त्र कला।
जिनके पग सेवक भक्त सदा, अमरत्व गहे हनुमन्त लला॥

(5)

रघुराज धरा के ताज सदा, हरि रूपक में अवतार लिए।
जन जीवन के करतार बनें, सबको सच राह प्रशस्त किए।
अवधेश पुरी अति पावन है, जन दर्शन का शुभ लाभ दिए।
सुखधाम बनी नगरी जग में, प्रभु मातु सँगे वरदान दिए॥

अरूणिमा पाठक 'अनमोल'

रचनाकार का नाम	: अरूणिमा पाठक ' अनमोल '
पिता	: जय प्रकाश ओझा
पता	: सीधी मध्य प्रदेश
संपर्क सूत्र	: 8962687411
विधा	: गीत, गज़ल

करता है इश्क़ बाज़ वफ़ा बिन हिसाब के

करता है इश्क़ बाज़ वफ़ा बिन हिसाब के
अब क्या कहूं मैं आप से जलवे जनाब के

कल रात का अहसास जो हमने बयां किया
फिर दे रहे हैं दोष वो मेरे ही ख्वाब के

कल तक वो कह रहे थे तू महफ़िल की शान है
अब लगने हम लगे उसे कंकड़ कबाब के

आंखो से पिला दे जरा मुफलिस पे रह्म कर
औकात से भी दाम बढ़े हैं शराब के

रातें गुजर गई हैं कई याद में तेरी
कुछ ऐसे ही मुरीद है तेरे शबाब के

दीदार हो तुम्हारा मुहूरत नहीं बना
अनमोल राह देख रही बिन हिजाब के

बरसात

आँखों से तेरी आज जो बरसात हुई है
मुझको तो बता ऐसी भी क्या बात हुई है

आँखों की हया देखने देती नहीं मुझको
कर सब्र अभी पहली मुलाकात हुई है

गाफिल हूँ तेरे ख्याल में मत हाल मेरा पूछ
किसको पता कब दिन हुआ कब रात हुई है

रख्खा है ग़मों को भी कलेजे से लगा के
जानिब से तेरे प्यार की सौगात हुई है

आस्तीन रखें झाड़ के पालें न सपोले
मेरी इन्हीं के रहम से ये मात हुई है

इल्जाम जफाई का लगाओ न मेरे सर
कर याद तुम्हीं से ये शुरूआत हुई है

माँ बाप के त्यागों का नहीं मोल समझते
इंसान की अनमोल अजब जात हुई है

एहसास

उसको अहसास करूँ और ग़ज़ल हो जाए
मेरे हर शेर में अब उसकी दखल हो जाए

मेरी गीता व तू कुरआँ व बाइबिल सच में
मेरे दिल में जो बसे तो ये रहल हो जाये

अच्छे दिन लाने का वादा जो गया था करके
उसकी जानिब से ख़ुदा अब तो पहल हो जाये

तेरे बिन बुत सी बनी बैठी हूँ कब से समझो
काश दीदार हो तो जन्म सफल हो जाए

बेटियाँ आती है उस शख़्स के घर बन परियाँ
जिस पे मौला की मेरे दोस्त फजल हो जाए

बेज़ुबाँ है ये परिंदे दे रिहाई इनको
देख अनमोल कठिन ज़ीस्त सरल हो जाये

गीत

आपकी आंखें नशीली होश में कैसे रहूँ
मैं बहक जाऊँ अगर तो माफ कर दीजे कहूँ

उड़ रही नागिन सरीखी जुल्फ बल खाती हुई
यह खबर यारा सपेरों के नगर जाती हुई
रातरानी मालती बेला सभी हैरान है
जिस्म की खुशबू तुम्हारी वाह आलीशान है
आप के बिन दर्द दिल का दो बता कब तक सहूँ।
आपकी आँखें नशीली

मैं नफ़ा नुकसान की गणना न करता प्यार में
इक इशारे पर दूँ अपनी जान भी उपहार में
दर्द गम सारे बँटाने की गुजारिश मानिए
दूँ सभी खुशियाँ जमाने की तमन्ना जानिए
आपके कर के अलावा पाप है कोई गहूँ।
आपकी आँखें नशीली

हमसफ़र यदि तुम नहीं तो रोक लूँ आगे सफर
तय नहीं करनी मुझे फिर ज़िन्दगीं की ये डगर
नाँव ऐसे सिंधु की हूँ हर लहर में तुम बसे
सीप वो तुम बीच जिसके मोतियों से है गसे
हाथ तुम थामो अगर तो साथ सागर में बहूँ।
आपकी आँखें नशीली

गीत

मन में दीप्त ज्ञान का दीपक, कैसे तिमिर पले।
मन के सारे मैल जला लो, जग मग ज्योति जले॥

शरद शीत का संगम कितना, तन में जोश भरे
सेहतमंद सुखद है मौसम तन के रोग हरे
पावन कार्तिक मास कृष्ण का, जो भी शरण गहे
भोर नहाकर पूजन अर्चन कर, निर्विघ्न रहे
माया में जकड़ा हर मानव, काहे स्वयं छले
मन में दीप्त ज्ञान का दीपक

कार्तिक में है पर्व अनूठे, जन उल्लास भरे।
दीवाली है खास सभी में, तम को दूर करे।
राम अवध लौटे थे वन से, रावण वध करके
खुशी मनाए लोग जलाकर, दीपक घी भरके
राम प्रजा के हर एक जन से, क्षण में मिले गले।
मन में दीप्त ज्ञान का दीपक

धर्म जहां है जीत वहीं है, ग्रन्थ सभी कहते
प्रेम सिखाते धर्म सभी क्यों, भेद बना रहते
दीवाली के दीपक जैसे, सबका तिमिर हरो।
स्वर्ग सरीखी धरा हमारी, सबके लिए करो
तब ही ईद दिवाली क्रिसमस, सबके लिए फले।

डॉ.अरुण कुमार पयासी "बघेली बांधव"

रचनाकार का नाम	: डॉ.अरुण कुमार पयासी "बघेली बांधव"
पिता	: श्रीभगवानदास पयासी
माता	: श्री मती सरला पयासी
जन्मतिथि	: 27-03-1966
पेशा	: शासकीय सेवा(शिक्षक)
कार्यरत संस्था	: शासकीय उच्चतर माध्यमिक विद्यालय देवराजनगर जिला सतना मध्यप्रदेश
पता	: अरुण कुमार पयासी मकान नंबर_98, हनुमान मन्दिर के पास पिपरी उत्तर देवराजनगर जिला मैहर (म0प्र0)पिन-485881
सम्पर्क सूत्र	: मो0_9981215410, 6265270325
Mail I'd	: arunpayasi64@gmail.com
प्रकाशित रचनायें	1: -बघेली लिखपट(2020) 2: -बघेली सबदबॉन (2021)
ISBN	: 978_93_91101_20_6

3: -श्री गरुणाधीश(2022)
4: -मैथिली विरह (2022)

ISBN : 978-93-5641-045-9(2022)

5: - देबिन के दीन आँखी भाग एक

ISBN : 978-93-93694-92-8 (2022)

6: - देबिन के दीन आँखी भाग दो

ISBN : 978-93-93694-23-2(2022)

मैथिली विरह

भाग 01

आज अवध के प्रांगण में, नव उल्लास भर रहा है।
देवलोक का सुर समूह, जय जय जयकार कर रहा है॥ 01 ॥

हर मानव के मन में कितने, दिन से अभिलाषा होती थी।
श्रीराम बनें युवराज कौन दिन?, यह जिज्ञासा होती थी॥ 02 ॥

अवध नगर का हर कोना, ध्वज पताक वंदनवारों से।
दिख रहा सुसज्जित और प्रकाशित, दीपक रखे हजारों से || 03 ||

राज्याभिषेक की तैयारी, सबका ही मोद बढ़ाती थी।
पर होनी भी अपनी देखो ! बस कैसा रंग रचाती थी? ॥ 04 ॥

राजभवन एकान्त कक्ष में सीता संग आसीन हैं राम।
अखिल श्रृष्टिकर्त्ता का भी क्रम, चलता है कैसा अविराम ? ॥ 05 ||।

मैथिली सहेली प्रियंवदा, अति हर्षित होकर आती है।
भगवान राम के चरणों में, वह अपना शीश झुकाती है॥ 06 ॥

सादर सप्रेम उस प्रियंवदा को, सीता सन्निकट बिठाती हैं।
देख सखी को हर्ष युक्त, अत्यधिक हर्ष को पाती हैं॥ 07 ॥

भगवान राम बोले सीते!, हमने प्रियंवदा को जब भी है देखा।
चतुर, सुशीला, देवी मुद्रा, गंभीर, सदा ही देखा॥ 08 ॥

अत्यधिक हर्ष का कारण क्या? देवी! अतिशीघ्र सुनाओ तो।
उत्सुकता सुनने की होती, अन्तर्भावना बताओ तो॥ 09 ॥

प्रियंवदा बोली स्वामी ! प्रभु का कल होगा राज्याभिषेक।
देखूँगी राजसिंहासन पर, रूप माधुरी का अभिषेक॥ 10 ॥

हर्षातिरेक का एक मात्र, कारण है स्वामी ! यही एक।
जीवन सफल अनेकों का, हो जायेगा प्रभु साथ एक॥ 11 ॥

नगर निवासी नर-नारी दर्शन लेंगे, जय-जयघोष मचेगा।
आनंद मयी अवसर होगा, सुन्दर इतिहास रचेगा॥ 12 ॥ 1

कर सम्पुट करके प्रणाम, प्रियंवदा विदा हो जाती है।
भावी भविष्य की भावपूर्ण, रेखा सम्मुख खिंच जाती है॥ 13 ॥

सीता बोली शत्रुघ्न, भरत की, अनुपस्थिति में यह कैसा ? अभिषेक नाथ ! |
उत्सव नरेश ने किया अभीतक, जो भी वह सब एक साथ॥ 14 ॥

कहें नाथ ! यदि क्षमा धृष्टता, हो सकती हो मेरी।
कहीं आप युवराज बने तो, विग्रह में हुई न देरी॥ 15 ॥

भूपुत्री हो जिनकी भार्या, वह भूपति कैसे बन जाये?।
भारत विप्लव का केन्द्र बन रहा, फिर कैसे शान्ति बना पायें?॥ 16 ॥

भूपुत्री मैं ! भू माता मेरी, वह भूमी है प्रभु की माता।
फिर भू के पति बन रहे नाथ !, भू से जामाता का नाता॥ 17 ॥

दो प्रतिगामी शक्ति हमारे, भारत में आतंक जमाती है।
महाराज रघु से अब तक भी, शान्ति नहीं मिल पाती है॥ 18 ॥

निशचर नेता लंकाधिप रावण, वक्सर को केन्द्र बनाया है।
कपिगण का नेता वीर बालि, भारत में शक्ति बढ़ाया है। 19 ॥

दोनो शक्ति निरंतर ये तो, आपस में टकराती हैं।
निशचर सेना कपि सेना पर, अब तक अधिकार न पाती है॥ 20 ॥

विजयी यदि शक्ति हुई कोई, तो भारत खतरे से खाली कब ? |
बादल विपत्ति के मड़राते, फिर शक्ति न रोकी जाये तब ?॥ 21 ॥

संघर्ष अनेकों वर्षों से, दोनो का ही चलता आया।
स्वप्न सत्य हो चक्रवर्ति का, कौन मार्ग जाये अपनाया ? ॥ 22 ||

लंका के आतंकवादियों ने, भारत में आतंक मचाया है।
भारतीय मानवता का सुखमय, इननें भवन ढहाया है ॥ 23 ॥

आतंकवाद का भारत में, जो तांडव नृत्य हो रहा है।
शान्ति व्यवस्था की क्षमता, का प्रतिपल ह्रास रहा है ॥ 24 ॥

राक्षस - कपि शक्ति मिटाने में, सफल नरेश न हो पाये। I
भूपति बनकर आप कहें कि, शान्ति निरंतर हम पायें ॥ 25 ॥

मेरी तो सम्मति है स्वामिन !, भरत आगमन के पहले।
मां कैकेयी की आन्तरिक भावना, पूरी हो जाये पहले || 26 ॥

युवराज बनें श्री भरत लाल, वन यात्रा करने आप ! चलें।
विघटनकारी युग्म शक्ति को, नष्ट शीघ्र ही कर डालें ॥ 27 ॥

हाँ ! ध्यान रहे कि अवध कोष की, कानी कौड़ी नष्ट न हो।
भारत की मानवीय शक्ति भी, किसी भाँति भी भ्रष्ट न हो ॥ 28 ॥

आपत्ति के बादल सम्पूर्ण गगन में, कैसा ये मंडरा रहे हैं?।
परिणाम भयंकर है शायद, यह सोच सभी घबरा रहे हैं ॥ 29 ||

पंख भारत गरुण के, सब भाँति सक्षम समझ लो।
हो भयंकर नाग बिषधर, ग्रास होंगे समझ लो ॥ 30 ||

चिरकाल से मस्तक समुन्नत, देश भारत का रहा।
विश्व के नक्शे में भारत, नित प्रकाशित हो रहा ॥ 31 ॥

पूर्व से ऊषा किरण, पश्चात्य से तम हरती रही।
अध्यात्म का आलोक अंकित, विश्व में करती रही ॥ 32 ||

जो अवध की यह जनता, युवराज देखना चाह रही।
ऐसा दिन सत्वर आयेगा, देखेंगे! वही कराह रही ॥ 33 ॥

अब समय नहीं है अधिक, यहाँ निश्चित योजना बनाना है।
बिना योग के भी, स्वप्नों को सफल बनाना है ॥ 34 ॥

"छाया" की भाँति आपके! संग, मैं साथ निरंतर हूं।
चिन्ता की कोई बात नहीं, मैं शक्ति साथ ही चलती हूँ ॥ 35 ॥

रावण की शक्ति मिटाने में, आवश्यक योग हमारा है।
निश्चित योजनानुसार कार्य, सब करना धर्म हमारा है ॥ 36 ॥

देवि! तुम्हारी यह सम्मति, श्रेयस्कर मुझको जॅचती है।
गुरु आगमन की सूचना भी, शीघ्र हमें अब मिलती है ॥ 37 ॥

श्री वशिष्ठ के चरणों में, नतमस्तक सीताराम हुये।
दर्शन अरु गुरु आशिष से, दोनो ही कृतकृत्य हुये ॥ 38 ॥

आसन पूजन बंदन द्वारा, सत्कृत गुरु आसीन हुये।
दोनो ही गुरुवर चरणों की सेवा में, सत्वर लीन हुये ॥ 39 ॥

नाथ! दास आज्ञा हो, हेतु आगमन का क्या है? |
श्री गुरु स्वामी ! के आज्ञापालन में, कोई संकोच हमें क्या है? ॥ 40 ॥

श्री राम ! तुम्हे युवराज बनाना, नृपवर का उद्देश्य बना।
महाराज का देख भाव, सब जनता का स्नेह सना ॥ 41 ॥

नाथ ! आपकी जो सम्मति, होगी है स्वीकार हमें।
शत्रुघ्न, भरत की अनुपस्थिति, में होगी अस्वीकार हमें ॥ 42 ॥

राम! तुम्हारा जन्म हुआ है, भारत का भार मिटानें को।
मानव की रक्षा करने को, दुष्टों की नींव हिलानें को ॥ 43 ॥

अभिषेक कहीं यदि हुआ आपका, मानव के रक्षा कौन करेगा? |
रावण की विकट यातना से, मानवता की रक्षा कौन करेगा? ॥ 44 ॥

कहीं अवध की चहार दीवारी, में यदि तुम ! बन्द हुये ? | I
मुनि त्राण और राक्षस विनाश में, सब प्रकार असमर्थ हुये ? ॥ 45 ॥

सारा सुरलोक ससंकित है, यह पृथ्वी भारा क्रान्त हुई।
एक विदेशी सबल व्यक्ति से, मानव में हाहाकर हुई ॥ 46 ॥

मानवता की रक्षा करनें का, सब भार तुम्हारे ! ऊपर है! ।
मानव को इस जगती तल पर, जीवित रहना भी दूभर है! ॥ 47 ॥

राज्याभिषेक रस भंग योजना, का भी श्रृजन हो रहा है।
भारत हितकारिणी गुप्तयोजना का, क्रम अविराम चल रहा है ॥ 48 ॥

योजना सफल बने, इसका सब भार आप ! पर है।
गुप्त अविलम्ब कार्य रत हो जायें, मानव हित भार आप ! पर है ॥ 49 ॥

युवराज समर्थन की आज्ञा, प्रत्यक्ष हमारी भी होगी।
पर गुप्त योजना को सक्रिय, करने की आज्ञा भी होगी ॥ 50 ||

श्री राम ! कहीं युवराज बने तो, जीवन भर फिर रोना है।
राम ! तुम्हारे ही द्वारा, मानव की रक्षा होना है ॥ 51 ॥

आज्ञा स्वामी ! स्वीकार मुझे, अविलम्ब विजन वन जाऊँगा।
राक्षस कुल संहार बिना, मैं नहीं अयोद्धा आऊँगा ॥ 52 ||

किसी विदेशी सत्ता का, भारत में अधिकार न होगा। I
भारत मानवता का प्रतीक, मानवता का ह्रास न होगा ॥ 53 ||

मैं वशिष्ठ आशिष देता हूँ, वन यात्रा सफल बनेगी।
राम शक्ति सम्पन्न स्वयं हो, राक्षस - कपि युद्ध ठनेगी। 54 ॥

बघेली मार्कण्डेय पुराण माहात्म्य

भारत औ भारत संस्कृति के, पूँजी आंय पुराणय।
ज्ञानय के अकूत भंडार ईं !सुख सांती सनमानय॥

इह लोकय के सुख सकांन हैं, मनई तन के कामय।
माधब सेरे नेह लगाउब, पाउब हरिहर दामय॥

इस्सर चरन सरन पामैं के, इनमन सहज उपाय।
मजेदार फुर अउ सिच्छा प्रद, अलग अलग अध्याय॥

दूलम होन जात हैं अब ता, पोथी अउर पुराणय।
जग केरे कल्याण के साधन, सब मानुस जन जानय॥

कुल पुराण भारत मां अपने, हमैं अठारा ठेरे।
उन्मां सतयें नमबर मांहीं, पुराण मार्कण्डेयय केरे॥

अदभुत है पुराण इया सुंदर, जैमिनि मार्कण्डेय सम्बादी।
मार्कण्डेय ऋषि के जीमन, धन्नय अउ सुभ सादी॥

राजा हरिस चंद्र के चित्रन, जीउ जनम अउ मरनय।
अपने अपने करनी के फर, नरक बास कुल करनय॥

सब देउतन के अंस ते उपजीं, देबि भगबती जानी।
महिसासुर बध केर कथा ही, बिधि बिधान ते जानी॥

अरिस्टनेमि सिरि गरुण के सजरा, तार्क्षी सुत जन बरनन॥
सत्त राह मां चलत रहैं सब, सेमैं हरि के चरनन॥

भागबत महा पुरानउ मांहीं, तार्क्षी पूतन गुन गाबा।
बिंध परबतय भेंटा इनसे, संका सबय मिटाबा॥

श्राद्ध कर्म गिरस्थ जीमन के, इन्मां सहज सलाह।
प्रणव योग के बरनन इंनमा, सगल अनीति तबाह॥

दुर्गा सप्तसती के बर्नन, महिमा केर बखान य।
लोक अउर परलोक केर सुख, जग पुराण कल्याण य।

भाई बड़े सिरी शिवचरण!, पाण्डेय धार्मिक निस्ठय।
दिहिंन पुराण मार्कण्डेयय, कहिंन कि कीन्हे पाठय॥

पाठ किहन ता लाग कि हमहीं, पारस दीन्हिन भाई।
इया पुराण सुभ बिंध बखानी, जन जन तक पहुंचाई॥

धन्न पुराण मार्कण्डेयय, पढ़ब लढ़ब उपयोगी।
जने जनासी के कल्यानी, रिसिउ मुनी औ जोगी॥

बांधबगढ से उत्तर मांहीं, मार्कण्डेय मुनि के धामय।
सोन महेंद्र सुता के संगम, हनुमत निस दिन बामय॥

गृद्धराज अरिस्टनेमी के, गृद्धकूट धामय मन चंगा।
जंह!भोले बाबा के आराध्या, बहतीं मानसि गंगा॥

माधब कृपा सखा हितुआई, दासय अरुण पयासी।
बूडी जनम भुई के चलते, गृद्धकूट तट बासी।

प्रीत बघेली पुरखातिम का, माधब किरपा पालेन।
पढ़ब पूर पोथी मन दय जो, मिली बास हरि तरबा खालेन॥

जय सिंह "गगन"

रचनाकार का नाम	: जय सिंह "गगन"
पिता का नाम	: स्व. श्री शोभनाथ सिंह
पता	: ग्राम-अर्जुनपुर, पोस्ट - ढावा (हनुमना), जिला - रीवा (म.प्र.)- 486335
संपर्क सूत्र	: 9893924428
	: 7067960511
विधा	: हिंदी एवं बघेली कविता, मुक्तक, ग़ज़ल, गद्य लेखन
प्रकाशित कृतियों की संख्या	: एक (बघेली रचना संग्रह "नइकी दुलहिया")
संप्रति	: वर्तमान में कौशल विकास एवं उद्यमशीलता मंत्रालय भारत सरकार द्वारा संचालित जन शिक्षण संस्थान राजरानी भवन, अर्जुन नगर, सीधी (म.प्र.) में निदेश के पद पर कार्यरत।

गाँउ म आबा हइ

दइ कइ आपन जान गाँउ म आबा हइ।
देश पर होइ क़ुरबान गाँउ म आबा हइ।

छाती हबइ गवाह वीर कस लड़ा त देखा,
देह फाटि लोहुआन गाँउ म आबा हइ।

टाठी धइ महतारी कहइ उठाबा एका,
लाला मोर भुखान गाँउ म आबा हइ।

बैकल साही बाप पछीती परे हाँ चिट्टइ,
ओनकर आंखी कान गाँउ म आबा हइ।

मेहदिउ भर त छूट नहीं मेहरारू केरि,
धोबइ माँगि ललान गाँउ म आबा है।

चूमा ओकर हांथ बहिनिए बहुतइ रोमा,
राखी बांधि पुरान गाँउ म आबा हइ।

मूड़े धइ कइ हांथ किनारेन रोमा बपुरु,
भइया हाँ पगलान गाँउ म आबा हइ।

संगी साथी जेइ सुना हँ चकरी मारे,
सब क कइ हैरान गाँउ म आबा हइ।

बहि ग लोहू देंह परी हइ उज्जर सगली,
गलुआ हबइ झुरान गाँउ म आबा हइ।

संदूके म बंद तिरंगा ओढ़ि कइ देखा,
हमरे गाँउ क शान गाँउ म आबा हइ।

छोड़ि कइ चले गएं

साहब त कंगाल छोड़ि कइ चले गएं।
हमका हमरे हाल छोड़ि कइ चले गएं।

फूंकेंन अपनइ घाल फलाने पाएंन का,
तबउ बजाई गाल छोड़ि कइ चले गएं।

नउ मन माँगिसि तेल फलनिया नाचइ क,
सजा धजा पंडाल छोड़ि कइ चले गएं।

दिहिनि भूत छितराइ गाँउ अउ मेड़ी म,
चउरिनि मा चंडाल छोड़ि कइ चले गएं।

महगाई रोजिगार क साधत बइठे हन,
झउअन ससू सवाल छोड़ि कइ चले गए।

दीन्हिनि पँच लड़ाइ भरी पंचाइति मा,
एक ठे अउर बबाल छोड़ि कइ चले गएं।

मान अउर मरजादा धइ गें कुरसी पर,
ओहूँ तरी दलाल छोड़ि कइ चले गएं।

घरे घरे खैराति बाँटि गरिआरन क,
गाँउ गाँउ कंताल छोड़ि कइ चले गएं।

सुनेन के सामन आबा है

आएंन तोहरे गाँउ, सुनेन के सामन आबा है।
लिहे करेजा घाउ, सुनेन के सामन आबा है।

नदी बहाबइ आँसु, कुआँ कइ साँसि टूटि गइ,
फ़फ़क़त मिला तलाउ सुनेन के सामन आबा है।

चारिउ कइती बाढ़ु, पइ देखा हमरे कइती,
बरसा धरा छुआँउ सुनेन के सामन आबा है।

दुरघट झुरिया घाल इहाँ, पइ सोटे लाहाँ,
नगद लेउ सहनाउ सुनेन के सामन आबा है।

झुकना होइ ग गूंग, बताबा मरि ग सलगा,
कजरी केर उराउ सुनेन के सामन आबा है।

तीजा डेहरी ठाढ़, इंदारा हेरत लाहै,
हाथे क पउगाँउ सुनेन के सामन आबा है।

हेराँ सलगे देस, पसीना झुरबइ खातिर,
गगन बरा कइ छाँउ सुनेन के सामन आबा है।

बताबा का होई

साझे म गुरुआंन, बताबा का होई।
हमां चंट जजमान, बताबा का होई।

विक्रम के बैताल, पीठाहें बइठा हइ,
खींची दिन भर कान, बताबा का होई।

लेइहीं खाइ भँड़ार, तकी न ताके से,
सलगा हमां भुखान, बताबा का होई।

कूरी बाचा लिहिनि हइ, केखे चउरा म,
कहां हमां अभुआन, बताबा का होई।

मानत हाँ अउतार, कहैं इ अपने क,
कलजुग क भगमान, बताबा का होई।

लरिकन काहीं सूँख, अमाबटि चाटै क,
ममा बने महिमान, बताबा का होई।

नटई अँटकै कढ़ी, फुलउरी माँगत हाँ,
सलगा हमां उधान, बताबा का होई,

काँड़ी डारे मूड़, बचइ क मूसरन से,
सोचे हाँ परधान, बताबा का होई।

घर क देखा हाल, बाप के आगे जब,
लरिका बनी सयान, बताबा का होई।

नोचाँ खंभा घाल, गगन त नोचइ दे,
भले हमां खिसियांन, बताबा का होई।

पइ अब चुप्प रहा

नाते केर नतउरा पइ अब चुप्प रहा।
ससू मगाइसि कउरा पइ अब चुप्प रहा।

बुलडोजर घर ढोसिसि चढ़ा करेजा म,
चउरी बची न चउरा पइ अब चुप्प रहा।

बिढ़ता खाये तूँ सरकारी मूसन क अउ,
हम ढोई मटिअउरा पइ अब चुप्प रहा।

तोहरेन पल्लेदारी माहीं टोरेन हमहूँ,
कांधा अउर पखउरा पइ अब चुप्प रहा।

ओतनइ फूट कपार सुना पंचाइति म,
जतनइ करे पटउरा पइ अब चुप्प रहा।

केखर लरिका केखर बरहौं के लइ ग,
केखर सोंठि सोंठउरा पइ अब चुप्प रहा।

दंतनिपोर कस बागा लिहे चोखाई तूँ,
नगद बने सोहगौरा पइ अब चुप्प रहा।

दुरघट रोटी नोन कइ दिहे जनता क,
सोटे सुनेंन मुगउरा पइ अब चुप्प रहा।

हम मूदइ मरजाद बताबा दउड़ित थे,
लीन्हे फाट पिछउरा पइ अब चुप्प रहा।

धन्य होइ गएन

देखि अजोध्या धाम कसो हम धन्य होइ गएन।
जय जय सीता राम कसो हम धन्य होइ गएन।

सरजू मइया सुरुज झुलामा कोरा लइ कइ,
हनुमत तापाँ घाम कसो हम धन्य होइ गएन।

कनक भवन क डेहरी करेंन दंडवत जइसइ,
बिसरेन सगला काम कसो हम धन्य होइ गएन।

ठुमकत राम लला क देखि बोकइंया हमहूँ,
ओनखर भयेन गुलाम कसो हम धन्य होइ गएन।

दसरथ महल म आँखी फारि निहारी कबसे,
रूप मनोहर श्याम कसो हम धन्य होइ गएन।

भागें भूत पिसाच. दिखिनि हनुमान गढ़ी ता,
उधिरी ओनखर चाम कसो हम धन्य होइ गएन।

भाई केर. तियाग दिखेंन हम भाई खातिर,
घुसतइ. नंदी ग्राम कसो हम धन्य होइ गएन।

हांथ जोरि बइठाइ खबामा. पंगति माहीं,
केउ न मांगा दाम कसो हम धन्य होइ गएन।

अतना हेरेन आजु मिला. बरिअत्तन. कइ,
मन क पूर्ण विराम कसो हम धन्य होइ गएन।

गोपाल साकेत

रचनाकार का नाम	: गोपाल साकेत
पिता का नाम	: श्री वंशरूप
ग्राम	: बंदैला पोस्ट लौ आ जिला सीधी
पेशा	: अध्यापक शिक्षा पी जी

प्रकृति का बदलता रूप

यह धरती शक्ति स्वरुपा है, इस पर है लाखों जीव टीके।
सूर्य चंद्र तारे नक्षत्र भी, आकाश में हैं जाकर के

टीके। यह प्रकृति बदलती है निस दिन, क्या करें कसूर नहीं कोई।
मानव ही जिम्मेदार यहां, तो कैसे वर्षा अब होई ॥

नए-नए आविष्कारों से पर्यावरण धुंधलया है।
ऋतुओं में गर्मी ठंडी ही, सिर्फ यही दिखलाया है ॥

आकाश तरफ निरखे किसान, पावस किधर जा छुपा हुआ।
देवों के राजा इंद्र का भी, न जाने सागर कहां गया ॥

जंगल सारे कट रहे आज, मैदान हो रहा है देखो।
नदिया बहती धीमी गति से, उद्योग बढ़ रहा है देखो ॥

विज्ञान और तकनीक से, एक तरफ लाभ तो होता है
पर प्रकृति संस्कृति बदल रही, कुछ पता है कुछ होता है ॥

ऐसे ही गर दुनिया बदलेगी, तो सूरज चांद कहां होंगे,
इस देश और धरती मां को गोपाल कहें तब क्या दोगे ॥॥

राष्ट्र वंदना

मां भारती की आंचल की लाज हम बचाएंगे।
दुश्मन की नापाक हरकतों को हम मिटाएंगे।
श्रद्धांजलि अर्पित है तुझको अमर शहीदों,
देश की आनपर अपनी जान भीलुटाएंगे॥

स्वतंत्र देश हो गया प्रभुत्व मय दिशा मही,
निशा कराल टल गई स्वतंत्र गी त गाएगे
नवयुवक कसो कमर चलें कंटको की राहों पर।
चाहे आंधी तूफान हो, आगे ही बढ़ते जाएंगे॥

अर्जुन को गीता उपदेश यहां कृष्णा दिए,
मर्यादा पुरुषोत्तम बेर शिवरी हाथ खाए हैं
हरिश्चंद्र मोर ध्वज सत्य से हटे नहीं,
पुत्र को बलिदान किए तनिक न घबराए हैं॥

ऐसे मां भारती के बच्चे नादान हम,
गौरव गाथा को सारी दुनिया में बताएंगे।
दुनिया में देश बहुत चीन भूटान सुनो,
पर मां की महानता गोपाल गीत गाएंगे॥

इया बघेली भाषा देखा

ई या बघेली भाषा देखा कितनी बढ़िया लगत थी।
जैसे छोट के बछिया सगरे अंगने बाग थी।

रेल का डिब्बा जैसे सरकई पटरी पर।
लहरे पानी हवा से सुंदर तलरी पर।

छल छ्ल बहे पहाडे के झिन्ना,
सीधी रीवा सतना से पहुंच बघेली गई पन्ना।

बुंदेलखंड में दविश दे रही बिहार खंड तक बागथी।
ई या बघेली भाषा देखा कितना बढ़िया लागथी॥

छत्तीसगढ़ में आगल जागल यूपी बिहार में बा बाटई।
पर बघेलखंड में ई या बोली सभीन का बढ़िया लागई॥

सब भाषा कुछ सोबतीहां, पर यहई सब य दिन जागाथी
ई या बघेली भाषा देख कितना बढ़िया लागथी॥

हिंदी हिंदुस्तान की भाषा अंग्रेजी है
इंग्लैंड की देव भाषा में छपी बघेली मधुर बनी पहचान
हिंदुस्तान की कोने माही सब हीनका पहचान थी,
यहै बघेली भाषा देखा कितना बढ़िया लागथी॥

अशोक त्रिपाठी "माधव"

रचनाकार का नाम	: अशोक त्रिपाठी माधव
जन्मतिथि	: 14 जुलाई 1982
ग्राम पता	: आखेट पुर तहसील व्यौहारी जिला-शहडोल मध्यप्रदेश
पिता	: श्री राम सुंदर त्रिपाठी
माता	: श्रीमती शकुन त्रिपाठी

कविता

कवियों के अंतर में बसती,
दीपसिखा सी जलती है।
मन में बीज अंकुरित होते,
ह्रदय पटल पर पलती है॥

अवलेखा से विकसित होती,
कागज पर पुष्पित होती।
तर्क विवेचन पोषण पाती,
तब फिर कविता फलती है॥

अलंकार रस छंद बिशेषण,
इसको श्रृंगारित करते।
सजी नवेली दुल्हन जैसी,
तब इठलाकर चलती है॥

भावों की शुभ मंजरियों से,
सोंधी महक छोड़ती है।
कभी बर्फ सी ठंडक देती,
ज्वाला कभी उगलती है॥

कभी मिलन की कहे कहानी,
कभी बिरह का गान करे।
कभी प्राण फूँके पत्थर में,
गिरकर कभी मचलती है।

गजल बघेली

मनई खुदै नसान, जमाना दोखी होइगा।
कसिके रही चुपान, जमाना दोखी होइगा॥

नीच बिधर्मी चोर उचक्का संसद पहुँचें।
हमिन किहन मतदान, जमाना दोखी होइगा॥

सग भाई का मारि हड़पि गा हींसा सगला।
बागै बना महान, जमाना दोखी होइगा॥

मठ महंत मंदिर महजिद मुल्ला अउ कारी।
ईं सब हमा नसान, जमाना दोखी होइगा॥

सिच्छा के मंदिर मा अधमाधूर मचा है।
कसि होई कल्यान, जमाना दोखी होइगा॥

खेती छाँड़ि लड़ाई झगड़ा अनसन रैली।
करतें रोज किसान, जमाना दोखी होइगा॥

पढ़ब लिखब का छाँड़ि युबा नेता बनि बागैं।
जिनके पूँछ न कान, जमाना दोखी होइगा॥

मरजादा हम खुदै छाँड़ि के भयन विदेसी।
खुदै किहेन नुकसान, जमाना दोखी होइगा॥

बोलय के आजादी है ता ओछरी कइसौ।
संबिधान भगमान, जमाना दोखी होइगा॥

डाँड़े जाय सियारन के बघबा जब डोली।
कस पाई सनमान, जमाना दोखी होइगा॥

गल्लइया जब होड़ लगाई बाजन से॥
बचा न कही परान, जमाना दोखी होइगा॥

चूल्हय मा फारिक करिहा अउ ओरहन देहा।
सनीचर हबय सकान, जमाना दोखी होइगा॥

आपन आदति नहीं सुधारी हम सब कोऊ।
चाहित हैन निदान, जमाना दोखी होइगा॥

बिसरि गें

अल्ला अउ भगमान बिसरि गें,
माता-पिता सयान बिसरि गें।
खुद कय होस रहै नहिं कबहूं,
घर आवा महिमान बिसरि गें॥

गीता अउर कुरान बिसरि गें।
गुरु के ग्रंथ महान बिसरि गें।
बिसरें कारी अउर पादरी,
पंडित का यजमान बिसरि गें॥

दीन अउर ईमान बिसरि गें।
मर्यादा सनमान बिसरि गें।
होड़ लगी दौलत पाबय के
जीवन के कल्यान बिसरि गें॥

बाम्हन आपन बेद बिसरि गें।
भेदी आपन भेद बिसरि गें।
लक्ष्य बिसरि गें अर्जुन आपन,
अउर सुई के छेद बिसरि गें॥

रावन के अभिमान बिसरि गें।
रामचन्द्र कय बान बिसरि गें।
बिसरें सगली राम कहानी,
भस्मासुर बरदान बिसरि गें॥

आपन ताकत मर्द बिसरि गें।
बरसा गरमी सर्द बिसरि गें।
जब से कुर्सी पाइनि नेता,
जनता के दु: ख दर्द बिसरि गें॥

सगला सिस्टाचार बिसरि गें।
आपस के बेउहार बिसरि गें।

जबसे काजु किहेन लड़िकन के,
आपन घरौ-दुआर बिसरि गें॥

छान्ही अउर मयार बिसरि गें।
गोंठे-गढ़े केमार बिसरि गें।
जब से घर पक्का भा माधव,
पइरा केर सथार बिसरि गें॥

बटुआ-बटुई, तबा बिसरि गें।
बेनमा बाले हबा बिसरि गें।
बीसन बरिष बीतिगा खाये,
बेर्रा, भगरी, जबा बिसरि गें॥

केतने खेल पुरान बिसरि गें।
नाम अनेक महान् बिसरि गें।
जउन बिरासत मा पायन ते,
सगले ओय निसान बिसरि गें॥

आपन पूजे नात बिसरि गें।
घर के रोटी भात बिसरि गें।
जब से आबा नबा जमाना,
पुरिखन के जाजात बिसरि गें॥

अमसी-खमसी दार बिसरि गें।
पुरिखन के उपकार बिसरि गें।
बहे जांय पच्छिमही आंधी,
सब पुरान संसकार बिसरि गें॥

सब कुछ आपन लोग बिसरि गें।
मिलन बिरह संजोग बिसरि गें।
सबदन मा अब का बताई,
जप तप तीरथ जोग बिसरि गें॥

सउँज मा

इज्जत का दागदार बनाबा न सउँज मा।
पुरिखन के नाउ सेंत डुबाबा न सउँज मा॥

करिहा जो नीच काम हँसी देखि के दुनिया।
झूरै का हँसी खुद के कराबा न सउँज मा॥

रेंगा न गली अड्डर रस्ता चला निकहा।
खुद के नसीब देखा नसाबा न सउँज मा।।

कतनउ परें पढ़इआ रोजगार के बिना।
नाहक पढ़ै मा बक्त गमाबा न सउँज मा॥

कुछ काम सिखा ठाहर पैसा कमाय का।
भुँइ बेंचि-बेंचि फीस भराबा न सउँज मा॥

अतना पढ़ा कि मूरुख कोऊ कहे न पाबय।
बपई का डैड कहिके बलाबा न सउँज मा॥

बिसरा न कुल के मान रहा हद्द मा सुना।
मरजाद छाँड़ि कुल का लजाबा न सउँज मा॥

महतारी-बाप जिंदा भगमान रूप आहीं।
इनका सयान होतय सताबा न सउँज मा॥

ससुरारि सार सरहज सब दिन न साथ देइहीं।
भाई के हक्क देखा छड़ाबा न सउँज मा॥

माधव मरे खुदै के पउबे सरग बताई।
पुन परभरोस काम कराबा न सउँज मा॥

सब धर्म ग्रंथ कहिगे उनका कहा माना।
देखा सिखी दुसरे का सताबा न सउँज मा॥

सत्य नारायण तिवारी

रचनाकार का नाम	: सत्य नारायण तिवारी
पिता का नाम	: श्री राम कुशल तिवारी
पता ग्राम	: देउरा बाया न्यू रामनगर जिला मैहर मध्य प्रदेश
संपर्क सूत्र	: 9340785481
विद्या	: कविता लेखन
प्रकाशित कृतियों की संख्या	: "वे लोग और हैं" काव्य संग्रह (प्रकाशनाधीन)

1-आओ नए साल स्वागत है तुम्हारा

आओ नए साल स्वागत है तुम्हारा
कुछ ऐसा काम कर जाओ खुश हो जाए जग सारा
आओ नए साल स्वागत है तुम्हारा

मेघों को कर दो राजी बरसे समय-समय पर
धरती को कर दो उर्वर जाए अनाज से भर
निर्धनों के घरों में भी कर दो तुम उजाला
आओ नए साल स्वागत है तुम्हारा

पेड़ों को कर दो अमर
पर्वतों को हिमालय
हर घर को ऐसा कर दो
जैसे कोई देवालय
कर दो सभी को तुम यूं
परिवार एक सारा
आओ नए साल स्वागत है तुम्हारा

गूंजे दहाड़ से गिर
वन्य जीव वा मृगों के
एक घाट पिए पानी
मृग सिंह बिना भय के
हम इंसानों में भी भर दो
तुम ऐसा भाईचारा
आओ नए साल स्वागत है तुम्हारा

कुआं को कर दो उथला
तालाब को जलाशय
कर दो ऐसी नेमत
ना हो हमें कभी भय
सुख दुख में यूं ही सबका
चला रहे गुजारा
आओ नए साल स्वागत है तुम्हारा

कर दो तुम कुछ ऐसा
ना हो कोई प्रदूषण
कर दो बंद अब तुम
शोषितों का शोषण
वायु नीर तरु को
दे दो तुम सहारा
आओ नए साल स्वागत है तुम्हारा

मुझको तुम दे दो दर्पण
हो जाए पहचान अपनी
ना हो अभिमान कभी भी
पर बनी रहे यह शान
यूं ही जिंदगी में जीवन
कटता रहे हमारा
आओ नए साल स्वागत है तुम्हारा

02-क्यों है तू सत्य से अनजान ?

हे ! इंसान तू क्यों है इतना परेशान,
एक दिन आएगा

जब तू भी नहीं रहेगा सत्य से अनजान |
सब झूठ है लेकिन यह सत्य है, की-
जो यहां पर आया है उसे एक दिन जाना है
यहां पर बस उसके द्वारा किए गए कर्मों का फल रह जाना है
इसी से तो हूं कहता मत कर तू अभिमान
एक दिन आएगा

जब तू भी नहीं रहेगा सत्य से अनजान |
दुनिया एक मंच है, जिस पर तुझे अभिनय करना है
अपने बलबूते पर तुझे हीरो विलेन बनना है,

चार फिल्म यदि हिट है तो एक फ्लॉप होगी ही,
यही है दुनिया का दस्तूर,
मत कर तू इसका अपमान,
एक दिन आएगा

जब तुम भी नहीं रहेगा सत्य से अनजान |
तू क्या लेकर आया था ?
क्या लेकर जाएगा ?
इस भरी महफिल में तूने क्या खाया था ?
क्या पाएगा ?
जब यह सत्य है,
तो क्यों रोता है, किसी के नाम पर
वह ना मरता है,
ना ही जलता हैं
क्योंकि वह है
अमर और अविराम
फिर भी उसे एक दिन जाना है
इस दुनिया के रंग मंच में लुका छुपी का खेल दिखाना है
और पुराना तन त्याग कर नया तन अपनाना है,
फिर तेरे सामने आ जाना है,
पर तू नहीं पाएगा पहचान
क्योंकि तू सत्य जानते हुए भी,
सत्य से बनता है अनजान
और उसी के वियोग में करता रहेगा उम्र भर रुदन गान
इसी से हूं कहता
अपने मन की आंखें खोल
अपनी आत्मा की आवाज सुन
वह सदैव तेरे साथ है
वह कभी नहीं मरती
उसे कोई नहीं जला सकता
क्योंकि वह तो अपनी कभी ना पूरी होने वाली यात्रा पर निकली है
इच्छा अनुसार अपना वाहन बदलती रहती है
उसे किसी से मोह नहीं होता
फिर क्यों है तू उसके लिए रोता

वह है दिवस का निखार और अवसान
इसी से हूं कहता
मत हो तुम परेशान
एक दिन आएगा

जब तू भी नहीं रहेगा
सत्य से अनजान |

03-सफर अब तक जीवन का

सफर अब तक जीवन का
जिंदगी के लहजे में
कैसे बीता न पूछो?

कभी धूप, कभी छांव
कभी सुख, कभी दुख
कभी सरल, कभी कठिन
कभी उदास, कभी प्रसन्न
सफर अब तक जीवन का
जिंदगी के लहजे में
कैसे बीता न पूछो ?

बचपन की स्वच्छंदता
मातृत्व की छाया
युवावस्था का अल्हड़पन
और कुछ भी कर सकने का साहस
सफर सफर अब तक जीवन का
जिंदगी के लहजे में
कैसे बीता न पूछो ?

वह स्कूल का डर
कॉलेज का दिवा स्वप्न
वह पैदल भागने का दौरा
और फिर साइकिल का जमाना
सफर सफर अब तक जीवन का
जिंदगी के लहजे में
कैसे बीता न पूछो ?

पहली बार साइकिल चढ़ने /चलाने की प्रसन्नता
लगता था जैसे सब कुछ मिल गया
और अब हवाई यात्रा में भी लगता है
जैसे कुछ खो सा गया
क्यों पता नहीं
सफर सफर अब तक जीवन का
जिंदगी के लहजे में
कैसे बीता न पूछो ?

वह मां का स्नेहिल गुस्सा
पिता की सख्त डांट
वह बड़े भाई का सख्त पहरा
और ताऊ का डर
ऐसा था जो सही और गलत में फर्क समझाता था
अनुशासन का अर्थ बताता था
और आज क्या हुआ पता नहीं
सफर सफर अब तक जीवन का
जिंदगी के लहजे में
कैसे बीता न पूछो ?

वह भाइयों की खटपट
मां की समझाइस
वह भागरी का स्वाद
और खिचड़ी की मिठास
वह रोटी की लड़ाई
नहीं मुझे वही वाली चाहिए जो छोटे ने ली है

कहां गया
पता नहीं ?
सफर सफर अब तक जीवन का
जिंदगी के लहजे में
कैसे बीता न पूछो ?

वह परिवार का अपना पान
समाज का सौहाद्र
वह जीवन की उत्सुकता
और अपनों की दुनिया
कहां गए
पता नहीं ?
सफर सफर अब तक जीवन का
जिंदगी के लहजे में
कैसे बीता न पूछो ?

आज शायद हम सबसे दूर
सबसे अलग बनने की चाह में
किसी और की तलाश में भटक रहे हैं
क्या है वह
बचपन की खुशी ?
भाइयों की खटपट ?
परिवार का अपनापन ?
कॉलेज का दिवा स्वप्न ?
सपनों की दुनिया ?
अथाह दौलत ?
समाज का सौहाद्र ?
या फिर खुद को, खुद से,
पता नहीं ?
सफर अब तक जीवन का
जिंदगी के लहजे में कैसे बीता ना पूछो ?

04 नदी के दो किनारे

एक नदी के दो किनारे
कहते हैं बहुत कुछ बदलते हैं जीवन की परिभाषा
एक बिंदु से अस्तित्व में आए दो किनारे
जग नापने की दृढ़ इच्छा शक्ति से सरोवोर
धीरे-धीरे तरुणाई को जाएंगे
अपना आकर बढ़ाएंगे
अपनी उपस्थिति दर्ज कराएंगे
वैसे-वैसे उनके सामने आएंगे मुसीबतें
कहीं छोटा पत्थर, कहीं बड़ा पहाड़
फिर भी उसको आगे बढ़ना है
अपना लय, तान और सुर विशिष्ट बनाना है
ताकि कोई उसे याद रखें
अन्यथा नाली को कोई नहीं पूछता
पता नहीं शहर में कितने नाले होते हैं
लेकिन उनका अस्तित्व शहर की गंदगी ढोने के अलावा कुछ नहीं होता
और यह अस्तित्व ही आखिरकार नदी में जाकर हो जाता है समाप्त
इन छल, कपट, प्रपंच रूपी गंदगियों को
नदी रुपी जीवन में मिलने के पश्चात भी
नदी को जारी रखना है अपना मगरूर
तभी तो इतिहास बढ़ेगा
वक्त उसे याद रखेगा
जब-जब बरसात होगी
वह अपने अस्तित्व के लिए लड़ेगा
कहीं दरारे आएंगे
कहीं बढ़िया पाट बनेगा
इससे किनारो का इतिहास बढ़ेगा
एक अवस्था आएगी
जब किनारे अपनी वय उम्र में होंगे
दोनों एक दूसरे से बहुत दूर होंगे
और यही होगा उनकी व्यापकता का एहसास
जीवन रूपी पंछी तट को पार करना चाहता है

लेकिन नहीं कर पाएगा पार
क्योंकि किनारो को बनाए रखना है अपना अस्तित्व
नहीं होने देना है किसी का स्वामित्व
आखिरकार दोनों किनारो में होता है समझौता
चलते हैं एक साथ
क्योंकि एक नहीं तो, दूसरे का अस्तित्व संकट में पड़ता है
इसलिए दोनों को साथ-साथ चलना पड़ता है
कहीं ना कहीं तो अंत होगा ही
चाहे वह समुद्र की व्यापकता में हो
या नदियों की भौमिकता में
लेकिन अकेले का अस्तित्व,
मिलन के साथ ही हो जाता है समाप्त
कोई नहीं बत| पाता अंतर
नाली, नदी, वर्षा जल में
तो फिर हम कौन होते हैं अंतर बनाने वाले
क्योंकि जीवन रूपी नदी में
सभी का उन्नयन और अवसान होगा
दोनों किनारे कभी नहीं मिलेंगे
किंतु उत्पत्ति एक से ही हुई हैं
उम्र दर उम्र पंछी तट पार करने की कोशिश में लगा रहता है
आखिर थकते हारते जीवन के अंतिम पड़ाव
नदी के दूसरे किनारे पर पहुंच जाता है
उसकी उड़ान नाप लेती है
दोनों किनारो की दूरी
कहीं दूर, कहीं पास, कहीं सरल, कहीं दुर्गम
बस चलता ही रहता है हरदम
किसी और किनारे की तलाश में ||

अशोक तिवारी 'अकेला '

रचनाकार का नाम	: अशोक तिवारी 'अकेला'
पिता	: स्मृति शेष श्री हीरा लाल तिवारी
माता	: स्मृति शेष श्रीमती राम रती तिवारी
पत्नी	: श्रीमती सुनीता तिवारी
जन्म तिथि	: 01जनवरी1961
जन्म स्थान	: मनगवाॅ बस्ती जिला- रीवा(म प्र)
शिक्षा	: स्नातकोत्तर समाज विज्ञान जल संसाधन विभाग सीधी में कार्यरत रहते हुए दिनांक 31 दिसम्बर2022 को सेवा निवृत्त।
निवास	: नौढ़िया वाटर फिल्टर के पास शिवा जी नगर सीधी (म प्र) पिन-486661
चलित वार्ता	: 9425439159

कविताए- 1

यदि तुम पहले आये होते,
मैं तुमको सब कुछ दे देता।
आसमान के तोड़ सितारे,
तेरे आंचल को भर देता।
कुछ भी पास न रखता अपने,
जीवन की खुशियां दे देता
खुद की आहुति देकर कर के ही,
अपना फर्ज अदा कर देता

जग के पत्थर खा खा करके,
बट वृक्ष की भांति खड़ा हूँ
झुका नहीं सिर भले कटा हो,
उनसे डटकर समर लड़ा हूँ
सह कर सारी विपदाओं को,
हिमगिर जैसे आज अड़ा हूँ

इतना हो जाने पर भी तुम,
कितने भोले बनते हो
उजड़ रहे घर अरमानों के,
मौन बने क्यों फिरते हो
बचे हुए लोगों के खातिर,
मारे-मारे क्यों फिरते हो॥

2-हिन्दुस्तां हमारा

रहने को घर नहीं, नसीब नही रोटी
चालीस के तन में, नहीं है लगोटी
गरीबों का दुनिया में, कौन है सहारा।
सारे जहाँ सेअच्छा हिदुस्तां हमारा।

रहनुमा को भाषण में, मिलती है रहनुमाई।
कैसे विकास होगा, सोचो जरा भाई।
भौतिकता की बाढ़ में, मिला नहीं किनारा।
सारे जहाँ से अच्छा, हिन्दुस्तां हमारा॥

गर्दिश में लोकतंत्र, कौन है देखइया।
स्वार्थ में लीन हुए, देश के खिबइया।
दोहरे चरित्र का, देखिये नजारा।
सारे जहाँ से अच्छा, हिन्दुस्तां हमारा॥

अंधों के हाथ में, बटेर लगा जैसे।
मझंधार में है किस्ती, साहिल मिलेगा कैसे।
कना और केराई का, हो गया पौवारा।
सारे जहाँ से अच्छा, हिन्दुस्तां हमारा॥

आचरण में प्रश्न चिन्ह, लग गया हो जिनके।
मुंह में उनके थूंकने, लगें हो आज तिनके।
धरती और गगन में, अधिकार है तुम्हारा।
सारे जहाँ से अच्छा, हिन्दुस्तां हमारा॥

गजल

प्यार के गीत हम गुनगुनाते रहे।
प्रेम की बासुरी हम बजाते रहे॥
हम बदलते रहे करवटें रात भर,
याद से जुड़ के सपने सजाते रहे।
दिल की गहराई में डूब कर देखिये,
इश्क में जिन्दगी हम लुटाते रहे।
चाह की प्यास दिल में रही रात- दिन,
नेह के फूल दिल में खिलाते रहे।
करते रहे हम इबादत उसी की सदा,
उसके दरिया में उसके नहाते रहें।
हिज्र में जाने क्यों दिल लड़फता रहा,
उसकी महफिल में उसको ही पाते रहे।
फासला इतना क्यों है डगर में मेरे
पाट बन कर नदी सा लुभाते रहे।

2-

तुम जिसे तसव्वुफ़ कहते हो, वह कहीं नहीं है।
तुम जिसे मुहाफ़िज़ कहते हो, वह कहीं नहीं है।
कभी रात को भी रात कह दिया करो,
जिसे तुम रोशनी कहते हो, वह कहीं नहीं है।
फुज़ुल की बाते तुम्हारे मन में घुस गई,
उसे बाहर निकाल कर देखो, वह कहीं नहीं है।
मीठा सदैव होता है सदैव नदी का जल,
समन्दर खारा है, मीठा वह नहीं है।
कभी झूठ का चश्मा उतार कर देखो,
हकीकत जिसे समझते हो, वह नहीं है।
अहंकार ही मन को भ्रमित करता है अकेला,
जिसे तुम हसीन कहते हो, वह नहीं है।

राजा हइ बउरान, बताबा क करी।
जिउ हइ परेशान, बताबा क करी।
जे कहइ न दिन क रात फजीहत ओखर हइ,
सकबन्धे म हइ परान, बताबा क करी॥

गली-गली म पढ़ि कइ लरिका बागइ,
बुढ़उ हमा सोचन, बताबा क करी।
लोकतंत्र म राजा कइ तानाशाही देखि,

मनई हबय डेरान, बताबा क करी।
ओखे नस-नस म बेइमानीई झलकत हइ,
कोहू क नह देखान बताबा क करी।
अन्नदाता क ऊ आतंकवादी कहत हमा,
सगला गाउ सोचान, बताबा क करी।
ऐरा भ जब से सब खेती ऐरा हइ गइ,
परती खेत-खरिहान बताबा क करी।
पशुअन के होइ रही तस्करी इहा अकेला-
जुर्मी बना महान बताबा क करी॥

2-

मुंह ताए से अब काम न चली।
आंखी चुराए से अब काम न चली
उआ सामन केर हरिअरी गइ-
मुंह लुकाए से अब काम न चली।
जनता तोहरे चरित्र क जानि गइ,
झूरय शेखी बघारे अब काम न चली।
मूरख तू बनाए हम बने रहेन,
बिन वादा निभाये अब काम न चली।
तू जउन कहे हम उहइ किहेन अब तक,
तोहरे मन माफिक अब काम न चली।
सगला दूध दुहि लिहे थनहरी हमका,
बिन ग्वाला बदले अब काम न चली।
बुढऊ ठिकय कहत रहे अकेला,
सांप के मुंह बिना दरकचे अब काम न चली॥

अशोक व्यग्र

रचनाकार का नाम	: अशोक व्यग्र
माता	: स्व. रामरती विश्वकर्मा
पिता	: श्री रामदयाल विश्वकर्मा
जन्म	: 12/06/1972
पता	: एलआईसी कार्यालय के सामने, मुन्नीबाई कालोनी, सीधी (मप्र)
सम्प्रति	: म.क्र. 8, ब्रह्मापुरी कालोनी, नीलबड़, भदभदा मार्ग भोपाल (मप्र)
मो.न.	: 9617249617
शिक्षा	: एमए (हिन्दी साहित्य), एलएलबी, बीएड.

विष्णुपद छन्द

मैं दिनकर दिनभर का हारा,
मुख है म्लान मलिन!
अनुचर जैसी है दिनचर्या,
दुर्दिन के हैं दिन!!

•

उदीयमान उद्दाम उन्नमन,
निरभिमान नियमित!
अस्तकाल अस्तित्व अस्तगत,
अनुपस्थिति अनुमित!

•

मैं नभचर नभसर नित तिरता,
लगता खिला नलिन!
मैं दिनकर दिनभर का हारा,
मुख है म्लान मलिन!!

•

सुरभिकाल सुकुमार सुशोभित,
कुसुमाकर कुसुमित!
विषुवकाल विकराल विलोकित,
आलोकित अतिमित!

•

दृग द्रुतगति दिननग दिग्दर्शन,
प्रच्छदपट पल छिन!
मैं दिनकर दिनभर का हारा,
मुख है म्लान मलिन!!

•

धीर वीर ध्वंसक-ध्वज ध्वंसक,
रूप धूप धवलित!
कालजयी लेकिन कुल-कज्जल,
राहु केतु कवलित!

•

तट कुहरित किरणित कटिरेखा,
कोमल किन्तु कठिन!

मैं दिनकर दिनभर का हारा,
मुख है म्लान मलिन!!

•

घट्यमान घटनीय घटित नित,
घटनायें अघटित!
विद्यमान रवि विश्व प्रकाशित,
प्रत्याशित प्रकटित!

•

मैं विकसित वितरित वसुधा हित,
विघटित हूँ अनुदिन!
मैं दिनकर दिनभर का हारा,
मुख है म्लान मलिन!

•

सच्चरित्र चरितार्थ चतुर्दिक्,
समाचरित समुचित!
अग्निमित्र अनिवार्य अवर्णिक,
अनादरित अनुचित!

•

मैं विचरित विरचित रचना चिर,
स्वरचित सोच सचिन!
मैं दिनकर दिनभर का हारा,
मुख है म्लान मलिन!

•

अनुचर जैसी है दिनचर्या,
दुर्दिन के हैं दिन!

गीत
(गीतिका छन्द)

•

मैं तिमिर के पार जाऊँ,
मीत यदि तुम साथ दो!
तान छेड़ूँ गुनगुनाऊँ,
गीत यदि तुम साथ दो!!

•

घन तमस मन में समाया,
रूप का उजियार हो!
इस धरा से उस गगन तक,
प्रेम का विस्तार हो!

•

प्रीत की मैं भी निभाऊँ,
रीत यदि तुम साथ दो!
मैं तिमिर के पार जाऊँ,
मीत यदि तुम साथ दो!!

•

मौन मुखरित मरु हृदय में,
प्रिय मधुर सम्वाद बो!
कोख धरती की हरित हो,
नद नदी का नाद बो!

•

मैं हृदय का भय भगाऊँ,
भीत यदि तुम साथ दो!
मैं तिमिर के पार जाऊँ,
मीत यदि तुम साथ दो!!

•

तप्त अन्तस अति थकित तन,
नित्य प्रति सन्ताप ढो!
ज्वर ग्रसित निशिदिन रहा मैं,
चिर विरह का ताप ढो!

•

तापत्रय से त्राण पाऊँ,
शीत यदि तुम साथ दो!
मैं तिमिर के पार जाऊँ,
मीत यदि तुम साथ दो!!

•

जीत कर जीता नहीं जग,
जागता मृतप्राय जो!
हार कर हारा नहीं मैं,
हार का पर्याय जो!

•

यह जगत मैं हार जाऊँ,
जीत यदि तुम साथ दो!
मैं तिमिर के पार जाऊँ,
मीत यदि तुम साथ दो!!

•

सूर्य प्रज्ज्वल पढ़ सका कब,
रात के इतिहास को!
चन्द्र बंकिम मुख विहँसता,
हास में उपहास को!

•

मैं समय सा साथ जाऊँ,
बीत यदि तुम साथ दो!
मैं तिमिर के पार जाऊँ,
मीत यदि तुम साथ दो!!

•

तान छेड़ूँ गुनगुनाऊँ,
गीत यदि तुम साथ दो!!

•

गीत
[आधार छन्द- गीतिका]

रोग रण दारुण समय है,
कार्य सबके नारदी!
दुख सदा देती रहेगी,
त्रासदी की यह सदी!!

•

देश सारे सैन्य शासित,
हर नगर अब छावनी!
हर डगर डर से भरी है,
हर पुरी कारा बनी!

•

कटु फलों के भार से हर,
वृक्ष की डाली लदी!
दुख सदा देती रहेगी,
त्रासदी की यह सदी!!

•

व्याधि पीड़ित घायलों की,
देह लदती पालकी!
सृष्टि सुविधाहीन सारी,
कोठरी है काल की!

•

टूटकर मोती बिखरते,
डोर किसने काट दी!
दुख सदा देती रहेगी,
त्रासदी की यह सदी!!

•

नित विविध दुख यातनायें,
सह रहे हँस साहसी!
कर न पाते किन्तु विस्मृत,
उर्वशी जो उर बसी!

•

हर हृदय को वेधती है,
प्रेम की उथली नदी!
दुख सदा देती रहेगी,
त्रासदी की यह सदी!!

•

हाँकता निज लाभ हित रथ,
सारथी अब स्वार्थी!
कार्य परहित के करें अब,
स्वार्थ हित परमार्थी!

•

वेदना के वेद रचते,
भाव लेकिन कागदी!
दुख सदा देती रहेगी,
त्रासदी की यह सदी!!

•

रह न जाये अब न कोई,
शत्रु भीतर बाहरी!
रह न पाये निज प्रजा अब,
फिर कभी भोली डरी!

•

एक है अलगावपन अब,
एकता पर पारदी!
दुख सदा देती रहेगी,
त्रासदी की यह सदी!!

•

रोग रण दारुण समय है,
कार्य सबके नारदी!!

•

डॉ. हरि विलास गुप्त "हरि"

रचनाकार का नाम	: डॉ हरि विलास गुप्त
पिता का नाम	: स्वर्गीय श्री कामता प्रसाद गुप्त
माता	: स्वर्गीय श्रीमती इंद्राणी देवी गुप्ता
जन्म	: 5 फरवरी 1972
जन्म स्थान	: ग्राम पोस्ट वर्दी जिला सिंगरौली मध्य प्रदेश
वर्तमान निवास	: अनामिका निकेतन श्यामलाल सिंह कॉलोनी दक्षिण करौंदिया सीधी मध्य प्रदेश
शैक्षणिक योग्यता	: एम०एस_सी०_ गणित एम०ए० हिंदी साहित्य m.Ed पी०जी०डी०सी०ए०
पत्नी	: श्रीमती अनामिका गुप्ता, हृषिता गुप्ता
पुत्र	: हर्ष गुप्त, हरित गुप्त
संप्रति	: उच्च माध्यमिक शिक्षक हिंदी साहित्य
प्रकाशन	: १ जननी चालीसा, २ पिता चालीसा, ३ गदेलन केर गीत(बघेली काव्य संग्रह)
साझा काव्य संग्रह	: चार दूरदर्शन से कविताओं का प्रसारण पत्र पत्रिकाओं एवं कवि सम्मेलन में मंचों पर काव्य पाठ

किसान

भारत माहीं जीतत-जीतत, हारा सदउँ किसान हइ।
अन्नदाता के कारन, कागज माहीं बना महान हइ।

राजतंत्र से लइके अब तक, बहुत ना भा परिवर्तन।
ना रहा तबउ ना हबइ अबउ, मनमाफिक भँड़वा-बर्तन।

टुटही-फुटही थरिया-डेकची, अउर पुरनका लोटा।
पातरि धान उगइहीं फेरउ, चाउर खइहीं मोटा।

जय-जवान अउ जय-किसान से, बढ़ा नही किछु सान हइ।
भारत माही जीतत-जीतत, हारा सदउँ किसान हइ।

जेखे खेत हजारउ एकड, ऊ त आहें राजा।
ओनखे खेत मा जे हर जोतइ, ऊ किसान अउ परजा।

भारत माही ऊ किसान हइ, जे उपजाबइ दाना।
उही के नामे लूट होइ रही, मिलइ न एकउ आना।

फेफरियान मुँह हइ किसान कइ, ओखर ना किछु मान हइ।
भारत माहीं जीतत-जीतत, हारा सदउँ किसान हइ।

हर-बरदा लइ अबउ किसनवा, घामे-घामे घूमइ।
कउँरी लइके खरिहाने से, बखरी तक ऊ झूमइ।

तर-तर-तर-तर चुअइ पसीना, रेंगत-रेंगत हाँफइ।
कोखी रहइ खलाये भइलो, लड़खड़ाइ अउ काँपइ।

घुघुरी-सेतुआ-लाबा-कोढ़ा, माही अटका प्रान हइ।
भारत माहीं जीतत-जीतत, हारा सदउँ किसान हइ॥

कबउँ न जानिसि खीर-मलाई, कुसुली-पापड़-पूड़ी।
जानिसि केवल टूका-खण्डा, अउ कोदये कइ ढूढ़ी।

ठारा माहीं नही ऊ पाइसि, मोटदर कबउँ रजाई।
कण्डा-गोंइठा मिलइ न कतहूँ, ना लागइ अँउघाई।

टुकुर-टुकुर कइ राति बिताबइ, उही से टिका जहान हइ।
भारत माहीं जीतत-जीतत, हारा सँदउ किसान हइ॥

गँइता-फरुहा-साबरि-खुरपी, अबहूँ ऊ फरगाबइ।
आना-दाना-पानी खीतिर, दइयउ नाचु नचाबइ।

बढ़ति हबइ मँहगाई निसदिन, कहाँ से रूपिया पाबइ।
छठी अउ बरही-सादी माहीं, कउन गीत ऊ गाबइ।

सिरी राम हँय पार लगइया, दूसर नही ठेकान हइ।
भारत माहीं जीतत-जीतत, हारा सदँउ किसान हइ॥

करत बेगारी अबउ हबइ ऊ, लागइ ओखे चूना।
ठकुरन केर हइ करत ओसगही, फुरि-फुरि दूनउ जूना।

शासन चाहे केतनउ देई, ओनखे उहइ मड़इया।
रही किसनवा जस क तइसइ, सनि क उहइ अढ़इया।

किसान से सगलउ छक्का-पंजा, उही से आनम-तान हइ।
भारत माहीं जीतत-जीतत, हारा सदँउ किसान हइ॥

गदेलन के जरि लगी रहइ, अब कसि के होइ दबाई।
लारी केर किराया ढेरउ, अउर हबइ मँहगाई।

डगडर विनती सुनइ न ओखर, केखे उआ सुनाबइ।
बिन जूता के चलइ उबेने, कहाँ-कहाँ ऊ धाबइ।

दुइ जूना के खीतिर तरसइ, ओखे नही पिसान हइ।
भारत माहीं जीतत-जीतत, हारा सदँउ किसान हइ॥

अगिली देइ के करत काम हइ, दाना खिब उपजाबइ।
पइ किसान अपने घर खीतिर, दुइ कुरई बस पाबइ।

ठाकुर-मालिक कइ सगलउ हइ, ओनखे घर पहुँचाबइ।
भूँखे रहत हइ तबउ किसनवा, मलिकन कइ गुन गाबइ।

हरिबिलास सब दुरदुराइ देंइ, मानत ना अपमान हइ।
भारत माहीं जीतत-जीतत, हारा सदँउ किसान हइ॥

मुक्तक

पतरकुआ के फूँके, अब खोंपा उधिराइ लगा।
धुँआ केर गरमी से, अदहन उतिराइ लगा।
का कही किस्मति के, खाइ रही गुणन्ता हइ-
करिया के आगे अब, डेढ़हा तउआइ लगा।

अँउठा छाप आजु-काल्हि, अच्छर चिन्हाइ रहें।
दम तक अपने ऊ, गिनतिउ गिनाइ रहें।
जोड़इ के जाघा मा, घटाँइ देंइ त दोष कउनु-
देखि के ई हाल -चाल दइयउ छिनमिनाइ रहें।

कोयल चुपाइ गइ, कउआ अब गाइ रहें।
हंसन से दउड़ माहीं, आगे ऊ धाइ रहें।
बहुतन के काँउ-काँउ, मधुर खीब लागत हइ-
हरिबिलास कागा, कुलि राग-तान गाइ रहें।

रोइ-रोइ इया जिउ, समिस्या से जूझि रहा।
झर कस बुझामइँ त, ओनहूँ के बूझि रहा।
ना जानी नाचु कउन, दइयु अब नचाइ रहें-
आग अँधियार, कहँउ राह नही सूझि रहा।

भेद-भाउ

कहँउ नही परकिति किछु, भेद-भाउ करति हबइ।
मूलभूत सुविधा दइ, रक्षा खिब करति हबइ।

पाँच तत्व परमुख हँय, सब कोऊ हयेन ज्ञानी।
आसमान -धरती-हवा अउर अगिनि-पानी।

सबका बरोबर देइ, पीरा कुलि हरति हबइ।
कहँउ नही परकिति किछु, भेद-भाउ करति हबइ॥

चिरई अउ चुनमुन, ना जनाबर मा भेद करइ।
मेहरिया अउ मंसेरुआ मा, कहँउ ना बिभेद करइ।

देति हइ बरोबर, अउ सीना तानि चलति हबइ।
कहँउ नही परकिति किछु, भेद-भाउ करति हबइ॥

ना मनइनि के बाँटिसि, ना कपारे चढ़ाइसि।
सबका दइ पाँच तत्व, कहँउ ना घटाइसि।

करत हँय जे गलती जब, चाँटा दुइ जड़ति हबइ।
कहँउ नही परकिति किछु, भेद-भाउ करति हबइ॥

कुन्निआउ करइ नही, सबइ का बढ़ाबइ।
जे अपने से बढ़ि जाइँ, ना ओनका गिराबइ।

ना देइ ऊ आरक्षण, ना देखि-देखि जरति हबइ।
कहँउ नही परकिति किछु, भेद भाउ करति हबइ॥

हारि जाइ दउड़ मा जे, उही के हराबति हइ।
जिताहुर जे बनइ खुदउ, उही का जिताबति हइ।

करइ नही छ्ल-छद्रम, ना कुर्सी के मरति हबइ।
कहँउ नही परकिति किछु, भेद-भाउ करति हबइ॥

परकिति कइ लइ सहारा, ऑसमा तक बउँड़ी।
ताकति बढ़ाई अउर, जोर लगाई दउड़ी।

पइ शासन करति भेद-भाउ, अउ बलबूते छ्लति हबइ।
कहँउ नही परकिति किछु, भेद-भाउ करति हबइ॥

बइसाखी दइ शासन, कब तक चलाई।
जीतइ बालेन काहीं, आखिर कब तक हराई।

सीखइ किछु परकिति से, काहे गिरति-परति हबइ।
कहँउ नही परकिति किछु, भेद-भाउ करति हबइ॥

परकिति के जानी, अउ परकिति के मानी।
परकिति केर कथा अउर, परकिति के कहानी।

"हरिबिलास" बाति इया, आतिमा खुद कहति हबइ।
कहँउ नही परकिति किछु, भेद-भाउ करति हबइ॥

परकिति केर सिद्धान्त, कोउ नही मेटी।
मैंदानी मा मैदा कस, ओखे नही फेंटी।

समेंटि लेई परकिति, ना कोहू से ड़रति हबइ।
कहँउ नहीं परकिति किछु, भेद-भाउ करति हबइ॥

रमाकांत द्विवेदी सावन

रचनाकार का नाम	: रमाकांत द्विवेदी सावन
पिता	: विद्यापति द्विवेदी
माता	: सोन कली द्विवेदी
जन्मतिथि	: 23/11/19 73
पता	: ग्राम बमुरी पोस्ट बमुरी तहसील सिहावल, जिला सीधी मध्य प्रदेश
शिक्षा	: बी०एस०सी०एम० ए० दर्शनशास्त्र संस्कृत साहित्य बी० एड०
प्रशासन एवं प्रसारण	: हिंदी एवं बघेली साझा संग्रहों में रचनाओं का प्रकाशन आकाशवाणी एवं दूरदर्शन में रचनाओं का प्रसारण
संप्रति	: उच्च माध्यमिक शिक्षक (संस्कृत साहित्य)

अउघाई

साहब का अउंघाई हेरे नहीं मिलय !
हमका फाट रजाई हेरे नहीं मिलय !!

काहू के सब रंगइ चुकि गा झोरी के !
काहू का भउजाई हेरे नहीं मिलय !!

ककऊ दुइ ते चउंकि सैकड़ा पार भयें !
लल्लू का एक ठांई हेरे नहीं मिलय !!

साबुन पाइनि मनपसार घंसि धोइ लिहिनि !
अब एक ठे घिनहाई हेरे नहीं मिलय !!

दूनउ जन जानइ का सावन जानां पइ !
आदति केर दबाई हेरे नहीं मिलय !!

चलत पच्छिमा चारिउ कइती आंधी अस !
सपनेउ मा पुरबाई हेरे नहीं मिलय !!

राम बनइ के अहिमक होड़ा-फांदी मा !
हनुमत अस सेबकाई हेरे नहीं मिलइ !!

हेरि रहें सब सीधा लिहे पिसान लिहे !
धउं काहे कुन्याई हेरे नहीं मिलइ !!

लपटि-दपटि मा जानी कहां बले कढ़ि गा !
मउसम ऊ सुखदाई हेरे नहीं मिलय !!

ठुर्री-गादा रहिला बुंकबा बाली ऊ !
धरती केर सोंधाई हेरे नहीं मिलय !!

बजइ अबो पइ जानी कउने लोक मा हय ;
मुरली के मधुराई हेरे नहीं मिलय !!

भइयाजी

फेर ते गयें बितूति काम मा भइया जी ;
होड़ाफांदी हूति काम मा भइया जी।

एक पउआ अउ एक नोट के बाति हबय ;
लिहिनि हय तोंहका कूति काम मा भइया जी।

अइसन-ओइसन किहेउ न परतो मिली अगर ;
जबर जाति हय दूति काम मा भइया जी।

चाही जसिके पइहीं पाइनि के मनिहीं ;
झोंकिहीं सलगी बूति काम मा भइया जी।

ओइसे सिरे भिना तो अपनेन आपय हय ;
फेंकिहीं सिरिफ भभूति काम मा भइया जी।

चाहति अउर जुझ्झि मा मानत जायज हां ;
लफड़ा लुंझा लूति काम मा भइया जी।

जे कुछ किहे न मनिहीं आड़े-अंतरे तकि ;
देइहीं ठाहर सूति काम मा भइया जी।

कठबा के हंड़िया पुनि-पुनि के नहीं चढ़य ;
पुरिखन के कहनूति काम मा भइया जी।

गोरनार भितरेउ ते होइत हमूं-तुहूं ;
टरति देस ते छूति काम मा भइया जी।

सावन सलगे हार सोंधाई महकि उठति ;
छाबति खुसी अकूति काम मा भइया जी।

धरती के सिंगार निहारा, नये साल मा।
चारिउ बले बहार निहारा, नये साल मा॥

नए साल मा

घर के बगियन मा फूलें गेंदा गुलाब अउ ;
बन छिउला कचनार, निहारा नये साल मा।

महकति बहति बइहरा मन का मोहि रही हय ;
बहय बसंत बयार, निहारा नये साल मा।

साफ सोछ्छ नहबाई चांदी साही चमकय ;
नदियन के जलधार, निहारा नये साल मा।

पाला-कुहिरा अकड़न-जकड़न सब हेराइ गें ;
सूरुज के सरकार, निहारा नये साल मा।

भले बितूता बिदुरी मारय तरेन-तरे ते ;
देखि फसिल तइयार, निहारा नये साल मा।

सावन सलगेउ रंग महाउर छीटि गयें हां ;
गोकुल के फगुहार, निहारा नये साल मा।

दुनिआ देखा महतारी के चरन धरे हय ;
जीमन भा तेउहार, निहारा नये साल मा।

नउमी बजय बधाउ अवध के अंगनाई मा ;
सलगे मंगलचार, निहारा नये साल मा।

गंगा गऊ गउरि गणनायक सरमुख होइहीं ;
सब के जय-जयकार, निहारा नये साल मा।

ठाढ़ गरीबी दरे खंभ हइ

ठाढ़ गरीबी दरेन खंभ हय।
प्रजातंत्र के हाल चम्म हय॥

हांथ पसारे ठाढ़ रहत हय।
जउन मिलय सब लगत कम्म हय॥

साल सैकड़ा निअरे आयें।
मुहु ओरमाये समागम्म हय॥

बरखा आसउं कइसन होई।
पंडित बोलां घमाघम्म हय।।

सबके छछन-बिछन लटपट हय।
बस कुछु जन के छमाछम्म हय।।

चोर लबारन लतमारन के।
एहं संउहें सब जमाजम्म हय॥

ओनहिनि के खेते घर-अंगने।
बरसत सावन झमाझम्म हय॥

सुदिन सुबेमत होई कब तक!
देसबा परिखे ढमाढम्म हय॥

टूंड़ उठाये बागि रहें सब!
जसि देखइ तसि तमातम्म हय!!

बैर बिसेक बिरोध बेनाजी!
इहय बढ़ें सुभ थमाथम्म हय!!

भितरे खोंखल भले भयें पइ।
बहरे अहिमक दमादम्म हय॥

रोज बढ़ि रहें 'बुद्ध' के चेला !
कल्हरत 'गौतम' केर 'धम्म' हय !!

कहां हेरान करेजा हरियर !
हेरे मिलय न आंखि नम्म हय !!

सिउ के निअरे सनाफट्ट हय !
बहिरेन-बहिरेन बोल बम्म हय !!

चारिउ कइति उकांउ लगा जब !
काहे लागय रटत भम्म हय !!

दान-दछिना आन के आपन !
भुइयां छुइ के सिरिफ मम्म हय !!

सउ के बाति एक कहि देई !
काम नसाये झूर हम्म हय !!

जउन रहा ऊ पूर अबहिनउ।
रही सदउ जो पूर सम्म हय ॥

सरग तरइया

कम-कम सरग तरइआ निहारा करा !
गोड़े तर मोर भइआ निहारा करा !!

गांउ-देस के देखइ ते पहिले ;
आपन घर-अँगनइआ निहारा करा !!

आजु हये फुनुई पर आखिर ;
केकरे पोंदी-पइआ निहारा करा !!

बिसरि गये का बनिआलोनी !
बिसरि गए का कँधइआ !! निहारा करा !!!

परसी हबय खीरि अबगा अब ;
तब के झूर कोदइआ निहारा करा !!

तोंहरे जेजम खातिर बिकि गइ ;
थेगरी के रुइहइआ निहारा करा !!

सावन आड़ नही मानय ऊ ;
रातिउ-दिन के देखइआ निहारा करा !!

शाशन सत्ता वाले लोग

सिक्का जेनकर धाबइ सासन-सत्ता बाले लोग।
मजा कइ रहें माल-मलाई-मत्ता बाले लोग॥

जेनके भूँखि अउर जीमन मा रहति हय होड़ि लगी।
जेनकर सुदिन सदउँ सोबय अउ विपदा रहय जगी॥

कब जगिहीं आखिर ई लुगरी-लत्ता बाले लोग ....

मिलइ जउन ऊ सब चुकि जा थइ खाइ-जिअइ मा पूर।
उमिरि पार पूरी होइ जा थी सपन सिअइ मा झूर॥

घुटि-घुटि जीमन जिअत हां बेतन-भत्ता बाले लोग ...

परगति पथ के नास लगाये हूरां पड़े-पड़े।
मेहनति से मुंह मोरि सउख बस पालां बड़े-बड़े॥

हर चुनाउ मा एक बोतल एक पत्ता बाले लोग ...

मतलब साधइ खातिर आपन सलगउ करम करां।

कहउं जहर घोरां पानी मा आगी कहउं धरां॥

बनि जाथां कठपुतरी एनके हँत्था बाले लोग...

करां अउर कुछु कहां अउर ई आदति धरे हमा।
अधबउरन के दम पर सबके सांसति करे हमा॥

बीरा गांठे आन के चूना-कत्था बाले लोग ...

भा दिनार पय तन-मन दुनहुन थाके देस हबय।
कहां गयें सावन कब अइहीं ताके देस हबय॥

खुद के जांगर-पउरुख खुद के मत्था बाले लोग ...

किरण सिंह शिल्पी

रचनाकार का नाम	: किरण सिंह शिल्पी
जन्म	: १९ अगस्त १९६५, सीधी मध्य प्रदेश
आत्मजा	: स्वर्गीय श्रीमती कमला सिंह चौहान - स्वर्गीय मधुसूदन सिंह चौहान।
जीवन साथी	: श्री शरणजीत सिंह बघेल जिला शहडोल मध्य- प्रदेश।
शिक्षा	: बी.ए.(स्नातक), संगीत प्रभाकर।
सम्प्रति	: गृह स्वामिनी, साहित्यकार, समाजसेवी, अध्यक्ष बढ़ते कदम शहडोल इकाई अध्यक्ष मध्य-प्रदेश हिंदी साहित्य सम्मेलन, शहडोल इकाई
प्रकाशित पुस्तक	: गजल एवम काव्य संग्रह एक किरण मुस्काई।
विमोचन	: मध्य प्रदेश हिंदी साहित्य सम्मेलन भोपाल से सोनमछरी बघेली कृति लगभग पन्द्रह साझा संकलन
संपर्क	: सरस्वती स्कूल के पास, पांडव नगर, शहडोल, मध्य प्रदेश।
चलभाष	: ८८२७२ ११०२३
ई मेल	: kiransingh.baghel19@gmail.com

परिचय

मेरा परिचय बस इतना है
उस मात - पिता की बेटी हूँ--
जो पढ़ी लिखी थी बहुत नही
पर कहती हर पल सक्षम हूँ
पहले तो दंश सहा उसने
बंजर धरती सी उपमा का
फिर योग हुआ सन्तानों का
फिर रुका वचन वो तानों का
ममता मधुरिम सी बरसाती
और दर्प रहा सन्तानों का
कहती देखो मैं ममता हूँ
मैं बांझ नही मैं भी मां हूँ
हर पल सहेजती फूलों सा
वो दंश भूलती शूलों का
बचपन बीता उल्लास भरा
मां की ममता ने आस भरा
की होगी कुछ नादानी भी
पर मां भूली शैतानी भी
तुलसी के चौरे पर दीपक
धरती मुस्काती साथ मेरे
सीधे पल्ले का आँचल ले
हल्का सा घूँघट माथ धरे
सीधी सादी दुनिया उसकी
बस प्यार पिता का साथ रहा
हर विपदा में भी हाथ गहा
छोड़ा न कभी मंझधार बीच
सुख वैभव व सम्मान दिया
शिक्षा माँ को दी गुरु बनके
जग को भी ये संदेस दिया
बस धीरज साथ रखो हर क्षण
प्रभु ने सबका कल्याण किया
हर छोटी से छोटी इच्छा

पूरी की मात-पिता ने फिर
इतनी अथाह ममता पाकर
हर्षित हम भाई बहन हुए
जीवन के झंझावातों से
जाना ही नही कब पार हुए
हम धन्य हुए इनको पाकर
क्या परिचय दें इतना पाकर

दोस्त

मैने मोरपंख मांगे
तुमने लाकर दिया
मैने इमली चाही
अमरूद भी तुमने दिया
मैने पतंग चाही
तुमने डोर भी पकड़ी
जब कविता गुनगुनाई
तुमने मोहित हो सुना
मै कंचों को बिखेर देती
तुमने मुस्कराकर समेटा
मुझे फूल चुनकर दिए
मेरा गजरा सराहा
और फिर न जाने क्या हुआ
तुम चट्टान से होते गए
धीरे धीरे मन कठोर हुआ
कभी धर्म के नाम पर
कभी राजनीति के नाम पर
कभी ईर्ष्या से मेल कर
कभी दूसरे के प्रभाव से
मैने तुम्हे बहुत पुकारा
पिछली यादों का हवाला दिया
दर्द भी आंखों से दिखाया

पर तुम चट्टान हो ही गए
मैं बहती नदी सी दौड़ती रही।
तुम्हारे दिए टीस रूपी
कचरे को फेंक ही नही पाई
दामन में उलझे रहे
उनसे पूछती
बतियाती, धीरे धीरे
मैं भी चट्टान होने लगी
पर होना नही चाहती
बचा लो मुझे, लौटो तो।

अश्क

भरें हैं अश्क़ निगाहों में मुस्कुराते हैं
बरस न जायें कहीं इसलिए छुपाते हैं।

ये आरजू भी कहाँ दिल से दूर ले जाएं
मचल के रोज़ ही आती कहाँ बुलाते हैं।

पिघल रही है शमा रात ढल रही आओ
सितारों सोग जुदाई का हम मनाते हैं।

कफ़न नसीब नही जिनको आखरी लम्हा
बना के फूलों की चादर उन्हें सुलाते हैं।

न जाने कितने ही रिश्तों से दूरियाँ होतीं
क़रीब आके नया राब्ता बनाते हैं।

ये उम्र-ए दौरा है क़िस्सा कहाँ तलक गायें
इसी की ज़िद है के हम बचपना बुलाते हैं।

पुनि - पुनि चंदन पुनि - पुनि पानी

तिलक लगाबैं करि मनमानी
मइल आचरन आपन कीन्हिन
मारिन आँखी के सब पानी।
मंत्र फूँकि सम्मोहित कइगें
सकल परानी भूत बिसरिगें
वर्तमान मा बेसुध होइगें
आँधर होइगय आँखिउ कानी
चोला धारे संत भेस के
कहँ अघोरी जटा केस के
चढ़ा चढ़ाबा लुटें भगत सब
मानी अपना चाहे न मानी।
पाँव खड़ाऊँ जोगी बनि गें
चिलम सोंटि के सबै बिसरि गें
जब सुधि आई माला पहिरिन
पूजयँ जग के सकल परानी।

पचास पार की औरतें

पचास पार की औरतें
घिघियाती नहीं
छटपटाती नहीं
माथा पीटते बुदबुदाती
खीजती मुरझाती नही हैं
पल्लू सरक गया सर से
सोच हड़बड़ाती नहीं
ताप निगाहों की देख
डर से कोने, किनारे
दुबकती नही हैं
चीखती नहीं पर
मिमियती भी नहीं हैं

आसमानी ख्वाब छूट गए
सोच सुबकती नहीं
नदी सी कल कल बहती
झरने सी गुनगुनाती
पांव संभलकर रखतीं
आत्मविश्वास से भरी
कत्थई आँखो से बोलती
हवाओं पे राज करतीं
जामुनी सुगंध ले
निकल पड़ती हैं
पत्ते पत्ते सी खड़कती,
झील की छाती पर
चाँद की तरह दमकती
सरसराती ओढ़नी में
सितारे समेटे
खुल के सांस लेती हैं
आज़ादी का हाला पी
लड़खड़ाती हुई
आखिर में रास्ता
बना ही लेती हैं
हां ये पचास पार की औरतें
किलोल, किसलय, किलक
कुलांचे, कुमुदिनी, कंचन
सबको अपने में समेट
बस दमकतीं हैं, बुझती नहीं।

स्वच्छ सरिता नीर को कब बाँधती है
किरण तो पर्वत गली में नाचती है

शूल पथ में बो रहा सूरज भला क्या
ये प्रकृति कमतर किसे कब आँकती है

पवन कोमलता से छूती चर अचर को
गंध मधुबन की सकल भू नापती है।

अर्चनों में व्याप्त हैं चारों दिशायें
है दुदुंभी बज रही क्या आरती है।

पुण्य की इच्छा धकेले पाप वन में
रूप आदमखोर का बस धारती है।

नियति से तो लड़ न पाई थी सिया भी
आज तक वसुधा बिलख हुंकारती है।

लोचनों की आग रावण रूप धरती
अस्मिता ये वल्लरी सी भागती है।

काम की द्रुत गति सलोनापन मिटाए
भूख शिशु से हृदय को भी मारती है।

सृष्टि की सारी धरोहर क्षत विक्षत कर
दानवी सी ही क्षुधा बस जागती है।

प्रवेश कुमार मिश्र "मयंक"

रचनाकार का नाम	: प्रवेश कुमार मिश्र "मयंक"
पिता	: पं. राम जी प्रसाद मिश्र "शास्त्री जी"
माता	: श्रीमती कस्तूरी बाई मिश्रा
पता	: ग्राम चुनहां, पोस्ट ऑफ़िस-चुनहां तहसील -नागोद, जिला -सतना (मध्य प्रदेश)
शिक्षा/ दीक्षा	: एम.एस.सी (गणित) एम.ए.(इतिहास) एम.ए.(समाज शास्त्र) बाबा साहेब भीमराव अंबेडकर संस्थान महू में २००२ से२००७तक प्राध्यापक(अतिथि विद्वान) २००७ से २०१४ तक आबकारी उप निरीक्षक पद पर बालाघाट ज़िले में कार्य किया २०१४ से अद्यतन महिला बाल विकास विभाग में वर्तमान में जिला कार्यक्रम अधिकारी जिला -मऊगंज में कार्यरत।
साहित्य साधना	: रचनाएँ विंन्ध्य के साहित्यकार भाग-१ में प्रकाशित आदिका, काव्य शब्द जैसी पुस्तकों में शामिल।

होली की शुभकामनाएं

क्रंदनों के शोर सुनकर आज क्यों जागी न ममता।
आसमानी रंग भरते आवरण के तंत्र समता ॥
वे जिन्होंने नित पुकारा ज़िंदगी को खुद सँवारा-
आज जिनके ही हृदय में अश्रु भी क्यों कोर रमता॥

इस ज़माने के लिए क्यों ईस का वरदान माँगूं।
शुद्ध मन से सँवारूँ रात दिन फिर क्यों न जागूँ ॥
पंथ पर कंटक पड़े हों राह लंबी हो गई हो-
या पथों के पंक रोकें रुक न सकते पैर बांधूं॥

होली पावन पर्व की शुभकामनाएँ भाव शब्द प्रस्तुत-

भाँति भाँति के पुष्प खिले हैं, रंग रंग के भाव मिले।
भारत हर्ष मनाता होली, रंगों डूबे गाँव मिले ॥

होली पावन पर्व मनाओ, आओ हम सब हिलमिल कर।
रंग नहीं तो जीवन जीना, सबका हो जाता दूभर॥
तिनका तिनका प्यार बटोरा, अब मिटा गई तन्हाई
उजली उजली श्यामा बोली, कहाँ छुपे हो कृष्ण कन्हाई॥
मिटता मन मालिन्य जहां, सुंदर सहज स्वभाव मिले।

लट्ठमार होरीहारे आए, यूँ प्रेम जताने आए।
लोग लुगाई दृश्य देखकर, सब मन ही मन हर्षाये।
कैसे ऐसे प्रेम रंग ये, इस धरती पर बरसाए।
मीरा राधा श्याम निहोरे, निज आँखें भीगी जायें॥
रसखान कवित्त पढ़े न पढ़े, पुण्य प्रसून से भाव खिले।

सूरदास के नयन सजीले, मीरा के नटवर नागर।
पहन पीताम्बर लेकर लकुटी, डोल रहे गिरधर नागर ॥
निज आँखें भर भर कर देखूं, मैं निर्निमेष रह जाऊँ।
धन्य भाग जो ब्रज रज लोटे, पद गा गाकर इतराऊँ ॥
रंग बहार चढ़े चेतन मय, जीवन पूर्ण प्रभाव मिले।

तिरंगा गीत

जगे संकल्प उर दीपक, तिरंगा त्राण धारा है।
तिरंगा राष्ट्र का गौरव, तिरंगा प्राण प्यारा है॥

कहे बलिदान की बातें, सुनाते वीरता गायक।
तिरंगा क्रांति का नायक, तिरंगा शांति परिचायक॥

तिरंगा सूत्र में एकल, पिरोता देश सारा है।
तिरंगा राष्ट्र का गौरव, तिरंगा प्राण प्यारा है॥

तिरंगा भारती जीवन, बसी पहचान कीरत की।
सदा ऊँचा रहे लहरे, यही अरमान सीरत की॥

जहां का नूर आँखों में, चमकता शीश न्यारा है।
तिरंगा राष्ट्र का गौरव, तिरंगा प्राण प्यारा है ॥

तिरंगा शान के आगे, सुधाकर सार भी कम है।
हिमालय के शिवालय की, अक्षय श्रुति कीर्ति के सम है ॥

जलधि के ज्वार से ज़्यादा, तरंगों ने उभारा है।
तिरंगा राष्ट्र का गौरव, तिरंगा प्राण प्यारा है ॥

हमेशा प्राण की बाज़ी, लगाते मान की ख़ातिर।
बहुत देखे नज़ारे हैं, कुटिल बर्बर बड़े शातिर ॥

जवानी भेंट करके ही, शहीदों ने सँवारा है।
तिरंगा राष्ट्र का गौरव, तिरंगा प्राण प्यारा है ॥

सदा कर्तव्य जीवन में, निभाने साथ आए हैं।
ध्वजा का मूल्य वीरो से, चुकाने आप धाए हैं ॥

यहीं जीना यहीं मरना, बड़ी मज़बूत कारा है।
तिरंगा राष्ट्र का गौरव, तिरंगा प्राण प्राण प्यारा है ॥

विजय उद्घोष करता ये, सदा ही जीत का प्यासा।
बताए देश की उन्नति, सिखाता त्याग की भाषा ॥

जगाये चाक आठों क्षण, सतत करता इशारा है।
तिरंगा राष्ट्र का गौरव, तिरंगा प्राण प्यारा है ॥

तिरंगा मातृ भू आँचल, तिरंगा प्रेम पावन है।
तिरंगा क्रांति की गाथा, तिरंगा आत्म भावन है ॥

तिरंगा कृष्ण की गीता, सिया का त्राण हारा है।
तिरंगा राष्ट्र का गौरव, तिरंगा प्राण प्यारा है ॥

चुन लिया प्रकृति के रंग जगत, को नित रंगीला कर लो।
यौवन के अनमोल क्षणों को, यादों से गीला कर लो ॥

भेदभाव को भूल सखे अब, त्याग शत्रुता भावों को -
जीवन में मधुवन खिल जाता, बंशीधर लीला कर लो ॥

डॉ शिवार्चन शुक्ल मधुर

रचनाकार का नाम	: डॉ शिवार्चन शुक्ल मधुर
पिता	: श्री रामाभिलाष शुक्ल
माता	: श्रीमती कैलाशू देवी
सम्प्रति	: प्राचार्य(स्कूल शिक्षा विभाग)
शिक्षा	एम ए(अंग्रेजी, संस्कृत, हिन्दी)पी एच डी, बी एड ,एल एल बी, आयुर्वेद रत्न
पताग्राम	: सहुआर, पोस्ट -जियावन, जिला - सिंगरौली (मप्र)
प्रकाशन	: अन्तर्ध्वनि (कविता संग्रह) बाणवीर सप्तक, अनेकों साझासंग्रह
अन्य अभिरुचियां	: ज्योतिष, कथा प्रवक्ता, मंच संचालन, याज्ञिक कार्य

अभिनंदन गीत

आओ उनका करते वंदन
जिनने अपनी आहुति दे दी, उनका शत -शत है अभिनंदन

राष्ट्र ऋणी उन वीरों का,
जो जंग मे हार न मानी है।
गौरव गाथा स्वर्णिम उनकी
शाश्वत अमर कहानी है॥

सुमन वृस्टि अम्बर से करते, तारे लेकर अंजुलि चंदन॥

आओ उनका करते वंदन॥

लेह -लद्दाख की ऊंची चोटी,
या, करगिल की माटी हो।
पानीपत की कठिन लड़ाई,
या फिर हल्दी-घाटी हो।
तुफानों से टकराया जिननें, रोका सागर का स्पंदन॥

आओ उनका करते वंदन॥

जब -जब मंत्र गढ़े शांति के
लोगों ने समझा असहाय।
अब नहीं पढ़ेगे हम भी सुन लो,
पंचशील का नर्म-अध्याय॥

सन बांसठ की जो चूक हुई थी, रह -रह दिल मे उठता क्रन्दन॥

आओ उनका करते वंदन॥

हम न्याय- पंथ के अनुगामी,
है धवल -दुधिया इतिहास।
अनायास ललकारा किसी ने,

करते उसका सर्व -विनास ॥

यही याद कर सरहद पर
अब वीरों को नहि कोई बंधन

आओ उनका करते वंदन ॥

आजादी से आज तलक,
जितने शहीद हुए हैं जवान।
सब मिल नमन करें उनको,
ये हैं तिरंगे के अभिमान ॥

विजय-पथ पर पुष्प- हार ले, देवता करते जिसका अर्चन।
आओ उसका करते वंदन ॥

अरे कलम अब मत लिखो

अरे, कलम अब मत लिखो, शब्द सरस सुकुमार।
बिंदिया, पायल सिसकी छोंड़ो, नहीं मधुर श्रृंगार ॥

मधुमय मधुमास बहुत लिखा,
अलि, पराग गुंजारों को।
पतझर की ओर चलो अब,
देखो सुप्त बहारों को।
उपवन की माधुर्य छटा,
नंदन वन की अमराई।
ग्रह, सितारे, नील गगन के,
खूब लिखे रवि की अरुणाई।
अब धरती के तप्त हृदय का, लिखो उफनता उठता ज्वार
अरे, कलम अब मत लिखो.....

बन्दी, चारण, भाट बनकर,
मत राग अलाप दरबारों में।

साहस जगाओ तरुणाई की,
जो जीते सदा जयकारों में ॥

मन की गुलामी बसी हुई जो,
उसके विरुद्ध बिगुल बजा दो।
हे कविते, जयघोष करो तुम,
सबके हिय सुविचार सजा दो।

स्याही - स्याही चिनगारी होकर, बरसे लेखनी से अंगार
अरे, कलम अब मत लिखो.... ॥
आजादी दिलाने वाली देवी,
वैभव में कंहाँ अटक गई?
दुर्योधन के सत्कार में पड़कर,
शल्य बन तू भटक गई।
पीड़ा की थाती ढोने वाली,
रमीं हास परिहासों में।
भूंखे, कोटर के गीत कंहाँ?
छंद, नहीं अब प्यासों के।
आहत तुलसी, सूर, कबीरा, बदला तूने जो व्यवहार
अरे, कलम अब मत लिखो.... ॥

सबलों का गुणगान करोगी,
या सियासत को गाली।
बचा खुचा जो बिषय तुम्हारा,
वह घायल अधरों की लाली।
छोंड़ चपलता मान, सम्मान की,
कालजयी कुछ पंक्ति लिखो।
भजन, भाव कुछ लिखो इष्ट के,
चरणों मे अनुरक्ति लिखो।
आखर -आखर हों नुकीले, जैसे हों तलवार की धार
अरे कलम अब मत लिखो..... ॥

वेद प्रकाश द्विवेदी "प्रकाश"

रचनाकार का नाम	: वेद प्रकाश द्विवेदी "प्रकाश"
पता	: मटीमा, सतना, मध्य प्रदेश
शिक्षा	: एम. ए. हिन्दी साहित्य, एल-एल. बी.
सम्प्रति	: जिला न्यायालय सतना म. प्र. में विधि व्यवसाय छात्र जीवन से ही साहित्य से लगाव रहा है. सन1990-91से साहित्य सृजन कर रहा हूँ. कई समाचार पत्रों में रचनाएँ प्रकाशित, प्रथम रचना 1995 में देशबन्धु पत्र में प्रकाशित हुई। कई साझा संग्रहों में रचनाए प्रकाशित एवं वर्तमान में सतना से प्रकाशित हिन्दी और उर्दू की अनियतकालिक पत्रिका "शब्द-शिल्पी" में नियमित लेखन
आत्मकथ्य	: कविता हृदय की संवेदना को व्यक्त करने का साधन है।

चुनावी-गीत

कोलाहल-सा है यह कुछ-कुछ
कर्कश कौवा काँव रे।
लोकतंत्र का महापर्व यह
लो आ गया चुनाव रे॥

फिर कुछ झूठे वादे होंगें
फिर कुछ कुटिल इरादे होंगें।
बाँटा जाएगा समाज फिर
फिर होगा अलगाव रे॥

लोकतंत्र का महापर्व यह
लो आ गया चुनाव रे।
जाति-धर्म के वाण चलेंगें
सिंह और मृग गले मिलेंगें।
कैसे होवे हार सत्य की
सोचेंगे सब दाँव रे॥

लोकतंत्र का महापर्व यह
लो आ गया चुनाव रे।
मतदाता चिंतित हैं सारे
किसे चुने हम किसे बिसारे।
रग-रग में इनके मक्कारी
भूल चले घर गाँव रे॥

लोकतंत्र का महापर्व यह
लो आ गया चुनाव रे।

एक गीत

तुम अकेले विजन-वन में गुनगुनाओ,
मै मधुर झनकार लेकर आ रहा हूँ।
तुम अधर पर मधुर कलियाँ खिलाओ,
मैं सहज श्रृंगार बनकर आ रहा हूँ॥

मैं तुम्हें ढूँढूँ तिमिर में,
विकल हो तुमको पुकारूँ।
बिम्ब तेरा सजल दृग में,
मैं तुम्हारा पथ निहारूँ॥

तुम नदी के पार से मुझको बुलाओ।
मैं इधर से नाव लेकर आ रहा हूँ॥

कौन सुनता है बताओ,
कौन गाता है बसंती।
लद गए दिन पनघटों के,
खो गई है लाजवन्ती॥

तुम हृदय में कामनाओं को सँवारो।
मैं गुलाबी गीत लेकर आ रहा हूँ॥

मैं तुम्हारे दर्द सारे,
पतझरों से माँग लूँगा।
विवश चातक की तरह से,
रात सारी जाग लूँगा॥

तुम हृदय की प्यास मुझसे मत छिपाओ।
मैं छलकती प्रीति की रसधार लेकर आ रहा हूँ॥

चाँदनी चुपचाप रोई

आज फिर बेचैन है मन,
नयन में है ख्वाव कोई।
भंवरसी है इस नदी में,
डूबती है नाव कोई॥

खो गया कुछ ढूँढता है,
धूप में वह छाँव कोई।
दुख रहा है तन वदन सब,
है कहीं पर घाव कोई॥

नयन नम हैं घोर तम है,
और मन में राज कोई।
पाप की गठरी तुम्हारी,
ढो रहा है आज कोई॥

कैसे कह दूँ ठीक है सब,
रो रहा है आज कोई।
छलकपट के रास्ते से,
चल रहा लफ्फाज कोई॥

निशा नीरव कह रही है,
अनकहीसी कथा कोई।
टिमटिमाते विवश तारे,
चाँदनी चुपचाप रोई॥

गजल-सी तुमको पाते हैं

तुम्हें जब याद करते है,
तो खुद को भूल जाते है।
महकते ख्वाव थे मन में,
जिन्हे गीतों में गाते हैं॥

चाहतों के दिए की लौं
से भी जलेंगी बस्तियाँ।
मैंनें सोचा भी नहीं था
डूबती हैं किश्तियाँ॥

दर्द से यारी जिगर की
सुनो तुम, हम बताते हैं।
महकते ख्वाव थे मन में,
जिन्हें गीतों में गाते हैं॥

बहारें हैं चमन भी हैं
मगर कितनी उदासी है।
अजब-सी बात है यारो
नदी सूखी है प्यासी है॥

अहा! वे दिन सुकूँ के थे
जो अब भी याद आते हैं।
महकते ख्वाव थे मन में,
जिन्हें गीतों में गाते हैं॥

चलो हम मान लेते हैं
समन्दर में सफीना है।
तुम्हारे प्यार की खुश्बू
पुदीना, जाफरीना है॥

अदा सबसे जुदा दिलकश,
गजल-सी तुमको पाते है॥
महकते ख्वाव थे मन में,
जिन्हें गीतों में गाते हैं॥

राजबहोर पाठक "मनोज"

रचनाकार का नाम	: राजबहोर पाठक "मनोज"
पिता	: श्री महादेव पाठक
जन्म तिथि	: 2 फरवरी 1965
स्थाई पता	: ग्राम पोस्ट पतुलखी तहसील बहरी जिला सीधी मध्य प्रदेश
संपर्क	: शिक्षक मध्य प्रदेश शासन स्कूल शिक्षा
विभाग शिक्षा	: बीएससी, एमए अंग्रेजी साहित्य साहित्यिक प्रतिनिधित्व दैनिक अखबार पत्रिका एवं सोमालोब साहित्य मंच से साझा संकलन में रचनाएं प्रकाशित विन्ध्य के कलमकार भाग एक में रचनाएं प्रकाशित दूरदर्शन भोपाल से कई बार कवि गोष्ठी
में	प्रतिनिधित्व स्थानीय कवि सम्मेलन एवं गोष्ठियों में प्रस्तुतीकरण।
संपर्क सूत्र	: 9893670391, 9425928104

मेवाड़ी अमर कहानी

(1)
हल्दीघाटी का विषम युद्ध
कहने को तो
सुल्तानी था।*
लेकिन परोक्ष में 'मान' और
'राणा' की द्वंद्व कहानी था॥

(2)
सल्तनत मुगलिया शान 'मान'
'राणा' था माटी स्वाभिमान।
'दासत्व' उफनता दिखा उधर,
था इधर अड़ा अस्तित्व 'आन'॥

(3)
आमेर लहू धूमिल था पर
मेवाड़ रक्त में लाली थी।
उत्साह स्वांस भरने आई
उसमें भैरव सॅग काली थी॥

(4)
बढ़ रहे मुगलिया कदमों को
भाला के नोकों रोका था।
राणा, 'मिट्टी अभिषेक यज्ञ' -
में खुद को खुद ही झोंका था॥

(5)
अपनी अस्मिता सुरक्षा में
भिड़ गई गरुड़ से गौरैया।
जैसे भिड़ गया जटायू था,
लख क्लेशमयी सीता मैया॥

(6)

खमनौर-बलीचा का दर्रा
सँकरा पथरीला ख़तरनाक।
चित्तौड़ दुर्ग का नाका था
उस पर भीलों की रही धाक॥

(7)

जब थी दर्रे बिच मुगल सैन्य
भट भीलों ने हल्ला बोला।
सम्मुख सरदारों ने हर हर
जय नाद सहित मोर्चा खोला॥

(8)

खम ठोंक राजपूती टूटी
अपना सारा साहस समेट।
मेवाड़ बांकुरों ने रक्खा
मुगलों को घाटी में चपेट॥

(9)

थी उधर अपार अनी ताकत
युद्धास्त्र शस्त्र भंडार सबल।
पर अस्त्र शस्त्र के साथ इधर
हर-हर बं बं ब्रह्मास्त्र प्रबल॥

(10)

थी मुग़ल कटक साधन प्रपन्न
पर राणा युद्ध बवाली था।
मानो अरि सम्मुख मुंड माल
पहने रूद्रांश कपाली था॥

(11)

'सतयुग के देवासुर' 'द्वापर -
के कुरुक्षेत्र' सा युद्ध हुआ।
जब पड़ा 'भील भट से पाला'
तब जय से जयी निरुद्ध हुआ॥

(12)
था बीस-असी सेनानुपात
फिर भी भीलों की तीरों ने।
दंभी का दंभ उतार दिया
उत्सर्ग सनी समशीरों ने॥

(13)
सुभटों ने ऐसा युद्ध किया
घन अंबर जै जै बोल उठा।
भीलों के सिर भैरवी चढ़ी
विकराल काल मुंह खोल उठा॥

(14)
उन दो प्रहरों के समर बीच
अद्भुत सैनिक सत्कार हुआ।
विदलित हो गई मुगल सेना
भू पर दोनों का रक्त चुआ॥

(15)
'भीलों का नायक' अद्भुत था
वैसा ही सैनिक संचालन।
बढ़ छेदा छाती दुश्मन की
अपनी माटी के प्रतिपालन॥

(16)
'पुंजा' ने लोहू सान दिया
अपना, खुद अपनी माटी में।
वे कोल-भील अति पूज्य हुए
जीवन अर्पण परिपाटी में॥

(17)
'हाकिम खां सूरी' ने अपने
दोनों हाथों ले चंद्रहास।
खेली जी भर खूनी होली
काटे मां के परतंत्र पाश॥

(18)
भयभीत भगे रण छोड़ यवन
जय की न बची लवलेश आश।
पग पग पुरजोर दिखा 'सूरी'
विकराल बढ़ी 'रिपु रक्त' प्यास ॥

(19)
हाकिम के सिर चंडिका चढ़ी
वो आतिस बम बन फूटा था।
उस दिन मुगलों के पौरुष को
उसने जी भरकर लूटा था ॥

(20)
राणा का साहस, शौर्य देख
फन शेषनाग का डोला था।
घाटी का कण-कण अनुनादित
जय 'एक लिंग' की बोला था ॥

(21)
'तुलजा' का ध्यान किये राणा
तलवार सम्हाल बढ़ा आगे।
रुण्डों से मुण्ड अलग होकर
जब नचे, लगा अन्तक जागे ॥

(22)
मच गई युद्ध में त्राहि-त्राहि
मेवाड़ी सिंह कराल हुआ।
अरि अनी बटेर हुई छिन छिन
राणा गगनाभ मराल हुआ ॥

(23)
हन् हन् हाहाकारी रन में
करवाल कोटि झंकार उठीं।
कुछ कह हिनहिना उठा वाजी
भीतर 'दुरगा' हुंकार उठीं ॥

(24)

"जिंदगी"

निरंतर ...
उम्र की सीढ़ियां चढ़ती हुई जिंदगी
यौवन की वालकनी पर खड़ी हो
मन के मनसौदे को
मन ही मन गढ़ा करती है।

अपनी नीली आंखों से
मनहर नील गगन को
अपलक निहारती हुई .....
चिरुत्साही स्वच्छंद पंछी की तरह
परवाज़ खोल
मन पसार उड़ान भरने के
रंगीन सपनों की पोथी पढ़ा करती है।

अल्हड़ आवेग में, कदाचित उसे
समय का भान ही नहीं होता कि -
अनंत की अनंतता और
जलनिधि की गहनता कितनी है ?
वस, अपने अंध उधेड़बुन में
मकड़ी के जाले में
उसी के जैसे
'मानसी सुरक्षा' मढ़ा करती है।

परन्तु,
जब कभी अप्रत्याशित
'कच्चे बारह के दांव' के
दुष्परिणामत:
अवसादों के वेगवान अंधड़ी अश्व
उसके मनसौदे का नीड़
निमिष भर में
तहस-नहस कर देते हैं तो -

'मन'

सून्य में सून्य सा होकर रह जाता है
और ... यह स्थूल देह
हारे हुए जुआरी के समान
थके अनमने भाव लिए
भयावही दुष्चिंतना की गहरी सरि में
डूबती उतराती,
चप्पू विहीन
तरनी की तरह दिशाहीन
अनजान डगर पर
या कहें -
अनियंत्रित कटी पतंग की तरह
अनिर्धारित लक्ष्य की ओर
पवन प्रवाह में
बहा करती है।

तब सपनों के उस राजमहल में
जहां सफलता की शहनाइयां
बजा करती थीं
वहीं, उसी रंगमहल में
नैराश्य के घटाटोप में
जिंदगी
तिल तिल
स्वयं को दहा करती है।

निकबर उज्जरि झूंठि बता ;
अब बैहर गरम हबै।

बदलि रही पहिचान, पता ;
अब बैहर गरम हबै।

सड़के के धक्का-मुक्की के
रंचिउ बेजा न माना ;

तुहूं बढ़ा, लइ नवा धता ;
अब बैहर गरम हबै ॥

दर्द दीवार पूरी नहीं ढ़ह सकी
कसमसाती रही गीत की गोमती।

'पीर उर की' बिचारी नहीं कह सकी
कसमसाती रही गीत की गोमती।

सीढ़ियां तो चढ़ीं भाव लहरें मगर
नापना नग शिखर शेष रह ही गया ;

गोमुखी की गॅगौटी नहीं बह सकी
कसमसाती रही गीत की गोमती ॥

वर्तमान

डरता हूं,
उस अनजान अदृश्य भय से
कि कहीं,
अप्रत्याशित अंधकार
तुम्हारे रजतमयी वर्तमान को,
अजगर की तरह
अपने बलिष्ठ बाहु पाश में
जकड़ न ले।
इसीलिए ....
रात भर 'दिया' जलाये रहता हूं
जाग जाग कर
निशीथ की नीरवता में सनी सनसनाहट को
समझने का प्रयास करते करते
'दिनकर' की नीराजनी करता हूं
सो इसलिए .. कि
तुम
नींद भर 'सो' सको।
अगली सुबह के लिए
अपने को तरोताजा रख सको।
तुम
अतीत के उत्तराधिकारी हो
तुम्हारे पास धरोहर है
भविष्यत् के अंकुर का
इसीलिए ....
चाहता हूं कि तुम
कल तक ... जिंदा रहो।
ठीक उसी तरह ....
जैसे आज हो।

शिवशंकर दीक्षित "शिव"

रचनाकार का नाम	: शिवशंकर दीक्षित "शिव"
सचिव	: नवसृजन साहित्य एवं कला संवर्धन समिति लौआ तहसील बहरी जिला -सीधी (म.प्र.)
शैक्षणिक योग्यता	: एम.ए. { हिन्दी, इतिहास}
व्यवसाय	: उच्च श्रेणी शिक्षक (सेवा निवृत्त)
अभिरुचि	: साहित्य अध्ययन, सृजन
प्रकाशित रचनाएं	: (१) बघेली हिन्दी छन्द संसार जिला -सीधी के साझा संकलन में नीति के दोहे (२)नव सृजन के फेस बुक पेज में प्रत्येक माह प्रस्तुत कविताओं का वीडियो

मित्र
(घनाक्षरी)

धर्म और अधर्म का, न्याय और अन्याय का,
ग्यान और अग्यान में, ध्यान होना चाहिए।
मित्र को पहचानना, विपत्ति हांथ बांटना,
हानि-लाभ भूलकर, मित्रता निभाइये॥

हैं नीतिवान बोलते, नियति भेद खोलते,
चाटुकार यार कभी, मित्र ना बनाइए।
भेद निज न बांटना, बाहुबल को जानना,
जो पुरुष है जानता, कीर्तिवान जानिए॥

प्यारा गांव
(मुक्तक)

गांव प्यार पाती है गैया, शहर स्वान को प्यार मिले,
गांव प्यार पाती है मैया, शहर वृद्ध घर सरण मिले।
शहरी गांव को अनपढ़ मान हीन भावना है रखते,
दूध, अन्न गांव से जाता, तब चेहरे पर कमल खिले॥

ग्रहण (दोहे)

(१)
सूरज, चांद प्रकाश से, जगमग हो भूलोक।
ग्रहण काल संसार में, छा जाता है शोक॥
(२)
ग्रहण विपति द्योतक लगे, इससे ना घबरांय।
निज पौरुष विश्वास करि, विपदा दूर भगांय॥
(३)
ग्रहण काल के पूर्व ही, लगता सूतक काल।
निशि दिन के कुछ कर्म को, त्याग करें हर हाल॥
(४)
सब राशिन में दोष नहिं, कुछ रहते खुशहाल।
सुख संपति भरपूर करि, होते माला-माल॥
(५)
कुछ राशिन में ग्रहण से, समय होत प्रतिकूल।
सुधी जनों के ज्ञान से, होत समय अनुकूल।
(६)
सूरज चंदा मध्य में, जब जब धरती होय।
मांस दिवस केअंत दिन, ग्रहण चांद में होय॥
(७)
धरती दिनकर बीच में, जब जब रतिपति होय।
कृष्णपक्ष के अन्तदिन, सूर्यग्रहण तब होय॥
(८)
कृष्ण शुक्ल के अंतदिन, रहे उदधि में तेज।
सागर में लहरें उठें, ग्रहण भानु -शशि वेग॥
(९)
ग्रहण काल में कीजिए, हरि मंत्रों का जाप।
मंत्रों के ही जाप से, कटे सभी संताप॥

कविता (हिन्दी)

आओ झांकी तुम्हें दिखायें, हिन्दी हिन्दुस्तान की,
राष्ट्र कि भाषा है कहलाती, भारत भूमि महान की।
अक्षर बारह स्वर के होते, छत्तिस व्यंजन कहलाते,
संज्ञा, क्रिया, सर्वनाम मिल, इसको मधुर बना जाते।
गुण विशेष मिलने से बनती, हिन्दी भाव विधान की।
राष्ट्र कि भाषा है कहलाती, भारत भूमि महान की॥१॥

शब्दों का भण्डार असीमित, बोली बनी सहेली है,
झोपड़ पट्टी सब भाषा हैं, हिन्दी स्वयं हवेली है।
सब भाषा नदियां सम मिलती, यह सागर लहरें तान की।
राष्ट्र कि भाषा है कहलाती, भारत भूमि महान की॥२॥

साहित्य सरोवर भरा पड़ा है, जन-जन की यह भाषा हैं,
इसे सीखने विश्व जगत, विद्वानों में अभिलाषा है।
तुलसी मीरा और कबीरा, है रहीम रसखान की।
राष्ट्र कि भाषा है कहलाती, भारत भूमि महान की॥३॥

छन्द(सवैया)

अरमान रखें पितु -मातु सदा, सन्तान सदा खुशहाल रहैं,
नित शारद बास करैं उर में, गृह आइ रमा जु निवास करैं।
आलस को करि त्याग सदा, निज पौरुष पर बिसवास करैं,
अरमान रखें नित अम्बर सो, निज कीर्ति जगत में नाम करैं।
नेत्र कि ज्योति सपूत बनैं, जो भानु समान प्रकाश करैं,
पूत सपूत कहाय वही, जो मातु-पिता गुरु मान करैं॥

हरिहर प्रसाद विश्वकर्मा 'सुमन'

रचनाकार का नाम	: हरिहर प्रसाद विश्वकर्मा 'सुमन'
पिता का नाम	: श्री रामाधार विश्वकर्मा
माता का नाम	: श्रीमती सती देवी
शिक्षा	: हायर सेकंडरी, वैद्य विशारद आयुर्वेद रत्न, साहित्य रत्न।
पता	: ग्राम- सहजी पोस्ट ऑफिस- सोनवर्षा, जिला सीधी (मध्य प्रदेश)
वर्तमान निवास का पता	: उपरोक्त।
जन्मतिथि	: 01/08/1952.
मोबाइल नंबर	: 6260312878.

लूटमार

लूट-मार की जटिल समस्या,
आज देश में छाई है।
बटमारी हो रही निरन्तर,
चलन बहुत दुखदाई है॥

उर में पीड़ा सतत् बढ़ रही,
मनमोहन कब आओगे।
द्रुपद- सुताएँ लुटी जा रहीं,
इनको नहीं बचाओगे॥

आर्तनाद भारत माँ करती,
धर्म-ग्लानि उर भारी है।
सूख रहा मन-मधुवन मेरा,
क्यों चुप तू बनवारी है॥

दुर्योधन क्यों पनप रहे हैं,
जटिल द्यूत क्यों जारी है।
आकर मेरी लाज बचा लो,
आशा मात्र तुम्हारी है॥

क्रूर कंस आचरण देखकर,
बहे नेत्र जल खारा है॥

हारे मन में धैर्य बँधा दो,
तेरा नाथ सहारा है।
पांचजन्य का जटिल घोष ही,
होना यहाँ जरूरी है।
अर्जुन सम मेरे बेटों को,
क्या मोहन मजबूरी है॥

भौतिकता का रंग चढ़ा है,
बनता किला हवाई है।

भूख मिटाने नश्वर तन की,
होड़ बीच तरुणाई है॥

जटिल समस्या की मनमोहन,
केवल तुम्हीं दवाई हो।
ऐसी कृपा करो हे नटवर!
शाश्वत देश-भलाई हो॥

उपवन उर का सूख रहा है,
जटिल कँटीली झाड़ी है।
पड़ा नेह का अब दुकाल है,
नहीं रीति की माड़ी है॥

श्री हत भारत माता तेरी,
'सुमन' तृषित सब हैं प्राणी।
एक बार फिर आकर कान्हा,
सुना नीति की तू वाणी॥

*

अतिथि

विषय- अनाहूत।विधा - कविता।
विधा - मत्तसमक छन्द।
(नौवीं मात्रा लघु शेष सबचौपाई के समान।)

अनाहूत आगवन सुहाना।
कर लो आवभगत मनमाना॥

नर्क स्वर्ग के सदा सँघाती।
ईश्वर - वाणी यही सुनाती॥

माया के चक्कर मत पड़ना।

नहीं नर्क यदि पड़कर सड़ना॥

डूब न जाए भव में नैया।
भवसागर के अतिथि खिवैया॥

अपनी गरिमा अगर बचाना।
आगत पीढ़ी यह समझाना॥

कौरव कृत केशव-अपमाना।
नष्ट हुआ कुल सब जग जाना॥

अतिथि न भिक्षुक कभी समझना।
यह दुर्गुण मन कभी न रखना॥

रिद्धि-सिद्धि यदि जग में पाना।
मान इन्हें तुम नित भगवाना॥

हो अन्तस् में तब उजियारा।
पाओ सुख अनुदिन संसारा॥

भाग्य सितारा चमक उठेगा।
सुयश पताका गगन उड़ेगा॥

महाकाल उर 'सुमन' लगायें।
पातक सारे सुन मिट जाएँ॥

उर के कल्मष् सभी मिटेंगे।
पाँव कुपथ पर नहीं बढ़ेंगे॥

ओम प्रकाश पाठक

रचनाकार का नाम	: ओम प्रकाश पाठक,
ग्राम	: पोस्ट- पतुलखी,
थाना	: तहसील- बहरी,
जिला	: सीधी, मध्य प्रदेश।
जन्म तिथि	: 08.08.1962,
संप्रति	: प्राचार्य शासकीय उच्चतर माध्मिक विद्यालय पतुलखी जिला सीधी मध्य प्रदेश
	नव सृजन मंच के संस्थापक और अध्यछ

नोट बंदी

'काले धन' की खोज में हो गईं, पुरानी नोटें बंद,
काम अब कैसे होगा?

इस प्रयोग के चक्कर में अब, जनता हो गई तंग,
काम अब..... ?

1. लगी है लाइन बैंकों में अब, पैसे की है मारा मारी,
सुबह से लगे हैं लाइन में, आएगी कब मेरी बारी,
भीड़ देखकर बैंक में हो गई सिट्टी पिट्टी बंद,
काम अब...... ?

2. बाज़ार में जाएंगे हम तो, कोई काम नहीं होगा,
सामान खरीदेंगे कैसे जब, हाथ में दाम नहीं होगा,
हजार पांच सौ के नोट पुराने, हो गए हैं अब बंद,
काम अब..... ?

3. छोटे व्यापारियों का धंधा, अब तो पड़ गया मंदा,
जेब से गायब नोट हो गए, ग्राहक भी हैं शर्मिंदा,
बिक्री आधी हो गईं है ग्राहक, आने हो गए बंद,
काम अब...... ?

4. 'काला बाज़ारी' का धंधा, नकद नोट पर चलता है,
शासन से चोरी रखते हैं, चेक नहीं चल सकता है,
बड़े नोट की बंदी से उनका, धंधा हो गया बंद,
काम अब....... ?

5. जाली नोटों के सप्लायर, आतंकी हैं भौचक्का,
सारी नोटें बेकार हो गईं, नहीं मिलेगा अब मौका,
रब्बा ही जाने आतंक का, यह खेल हो गया बंद,
काम अब........ ?

6. बोटों के व्यापारी भी तो, अब हैं सिर को पीट रहे,
नोट नहीं तो बोट नहीं, सरकार को हैं कोस रहे,
कहो कैसे मिले अब बोट, पुराने नोट हो गए बंद,
काम अब......... ?

7. बड़े बड़े नेताओं को अब, जनता की याद है आई,
संसद की कार्यवाही में भी, बुलंद आवाज लगाई,
उनके हंगामे से सदन की, कार्यवाही हो गई बंद,
काम अब....... ?

8. गलियों से संसद तक देखो, है लक्ष्मी जी की माया,
नोट बंदी के इस भँवर जाल में, हर कोई है भरमाया,
काले धन के कारोबारी अब भी, धंधा कर दो बंद,
काम अब.....?

तिरंगा झंडा

तिरंगा झंडा भारत की है शान साथियों,
देश की आजादी का निशान साथियों। तिरंगा..।

1. राम कृष्ण अर्जुन की ये जन्म भूमि है,
गुरु नानक बुद्ध भीष्म की कर्म भूमि है,
चक्र अभिमन्यु का बलिदान साथियों,
देश की आजादी का निशान साथियों। तिरंगा.....।

2. राजा राम मोहन राय के ब्रह्म समाज में,
दया नन्द सरस्वती के आर्य समाज में,
विवेकानंद का पुनर्जागरण अभियान साथियों,
देश की आजादी का निशान साथियों। तिरंगा...।

3. एनी वी बंकिम चन्द्र रवीन्द्र नाथ का प्रयास,
साम्यवाद समाजवाद आदर्शवाद का विकास,
इकबाल के राष्ट्रगीत की है तान साथियों,
हिन्द की आजादी का निशान साथियों। तिरंगा...।

4. जफर बहादुर शाह नाना साहब फड़नबीस,
तात्याटोपे कुंवरसिंह मंगलपांडे का आशीष,
रानी लक्ष्मी बाई की है आन साथियों,
देश की आजादी का निशान साथियों। तिरंगा.....।

5. सरदार भगतसिंह असफाकउल्ला खान का रुतवा,
राम प्रसाद बिस्मिल चंद्रशेखर आजाद का जलवा,
हर शहीद नौजवान का बलिदान साथियों,
हिन्द की आजादी का निशान साथियों। तिरंगा.....।

6. बाल लाल पाल की ये शानदार सोच है,
मदन मोहन लाल जवाहर गाँधी की खोज है,
बल्लभ भाई पटेल का जयगान साथियों,
देश की आजादी का निशान साथियों। तिरंगा....।

7. केशरिया तपस्चर्या है स्वेत सत्य बलशाली,
हरा रंग धरती माता की हरियाली खुशहाली,
चक्र है विकास की पहचान साथियों,
हिन्द की आजादी का निशान साथियों। तिरंगा.....।

संकल्प गीत- प्रगति का दीप

आतंकवाद की आँधी में भी, प्रगति का दीप जलाना है।
डगर बहुत ही कठिन सही, पर आगे कदम बढ़ाना है।
अभावग्रस्त लाचारों के, हिय की करुण पुकार सुनो!
रस्ता रोक रही है दुनिया, उनकी भी फरियाद सुनो!
उनके आहत व्यथित हृदयमें, हिम्मत का बीज उगाना है।
डगर बहुत ही कठिन सही......।

धमकी दे आतंकित कर मजबूरी में काम कराते हैं।
हाय रे विधाता, ये तेरे बंदे, यह कैसा जुर्म ढहाते हैं।
सहानुभूति के मलहम से, मजबूरी का धाव मिटाना है।
डगर बहुत ही कठिन सही.......।

बेईमान दलालों ने साजिश का, ऐसा खेल रचाया है।
गरीबों के नाम बैंक कर्ज ले, उनसे बात छिपाया है।
कर्ज चढ़ा गरीबों पर उन्हें, कर्ज मुक्ति दिलाना है।
डगर बहुत ही कठिन सही.......।

गांव शहर की गलियों में, बस्ती बाजार मोहल्लों में!
नशे की आदत पनप रही है, युवक और युवतियों में!
नशे के सौदागरों से इस, पीढ़ी को मुक्ति दिलाना है!
डगर बहुत ही कठिन सही.......।

आतंकवाद की ज्वाला में, मानवता है झुलस रही!
गरीबी अरु बेकारी में, युवा शक्ति अब भटक रही!

गांव शहर खुशहाल बनें अब, ऐसी अलख जगाना है!
डगर बहुत ही कठिन सही........।

लालच भय ने ही देखो शोषक शोषित का भाव दिया!
इसी भाव ने ही दुनिया में आतंकवाद को जन्म दिया!
जन जन के मन से लालच अरु भय को दूर भगाना है।
डगर बहुत ही कठिन सही.........।

सूनी गलियो में चौराहों में अब, बेइमानो का डेरा है।
कोई भूला भटका निकला तो बनके कयामत घेरा है।
डाका हत्या राहजनी से, सबको को आज बचाना है।
डगर बहुत ही कठिन सही.........।

आतंकवाद ने इस दुनिया में, ऐसा पाँव पसारा है।
नेता सब भयभीत हुए हैं, जन मानस भी हारा है।
धर्म जाति का तोड़ के बंधन, दुनिया नई बनाना है।
डगर बहुत ही कठिन सही.........।

जन जन के मन में यही, संकल्प भाव फैलाना है।
डगर बहुत ही कठिन सही..........।

आतंकवाद की आँधी में भी, प्रगतिकादीप जलाना है।
डगर बहुत ही कठिन सही..........।

ज्ञानेंद्र प्रताप सिंह

रचनाकार का नाम	: ज्ञानेंद्र प्रताप सिंह
पद	: माध्यमिक शिक्षक
संस्था	: शासकीय उच्चतर माध्यमिक विद्यालय
जन्मतिथि	: 5 अगस्त 1980
पता	: पटपरा जिला सीधी (म० प्र०) ग्राम लोनहा पोस्ट कोल्हूडीह तहसील चुरहट जिला सीधी मध्य प्रदेश
विधा	: काव्य लेखन विन्ध्य के कलमकार भाग 1 में रचनाओं का प्रकाशन
मोबाइल नंबर	: 706784 7 857

नए साल में

चलें खुशियां मनाएं नए साल में,
हँसें औ मुस्कुराएं नए साल में ॥

गीत गाते रहें गुनगुनाते रहे,
सबका सुनते रहें अरु सुनाते रहे।
ढेर, शुभकामनाएं नए साल में ॥1

1

नित्य संघर्ष करते हीआह लिए,
रेट मिट्टी के घर में पनाह लिए।
घर दिलों में बनाएं नए साल में ॥

2

अब न बातें दिलों की दिलों में रहें
खुद न दुःख मेंरहें ना गिलों में रहे
कुछ सुने कुछ सुनाएं नए साल में

3

जान देते हैं जो देश के वास्ते,
उनके खुलते हैं निश्चित सभी रास्ते।
गीत उनके ही गाएं नए साल में।
चलें खुशियां मनाएं नए साल में।

4

भूल हमको गए हैं सभी जो,
रूठ हमसे रहें हैं, अभी जो।
हम उन्हें याद आएं नए साल में।
चलें खुशियां मनाएं नए साल में।

शहीद के बच्चे

उमर में थे अभी कच्चे,
गुरु गोविंद के बच्चे।
मगर थे सिंह के जैसे _
धरम, ईमान के सच्चे ॥1

सदा सच बात कहते थे।
भले वे मार सहते थे।
बड़े जज्बात उनके भी_
गरज कर बोल उठते थे ॥2

हमारे देश की जय हो,
धरम, परिवेश की जय हो।
सदा गुरु ग्रंथ साहिब की_
पिता दशमेश की जय हो ॥3

जोरावर जोर से बोले।
फतेह सिंह शोर से बोले।
चुनो दीवार हत्यारे,
बड़े झकझोर से बोले ॥4

निकलती श्वास बोलेगी।
हमारी लाश बोलेगी।
यही दीवार ईंटों की_
हजारों साल बोलेगी ॥5

सुनो मन, बुद्धि के कारे।
सुनो पापी तु हत्यारे।
हमारा जन्म फिर होगा,
नहीं हम पाप से हारे ॥6

हमारा देश न्यारा है।
हमें निज़ धर्म प्यारा है।
पिता दशमेश प्यारे हैं_
हमें गुरु ग्रंथ प्यारा है ॥7

नव वर्ष

नव वर्ष
नव हर्ष
नव उत्कर्ष हो।

नव चाह
नव राह
नव प्रवाह हो

नव गीत
नव मीत
नव जीत हो।

नव नीति
नव रीति
नव प्रीति हो।

नव उमंग
नव तरंग
नव प्रसंग हो।

नव पल
नव हल
नव मंगल हो

नव देश
नव प्रदेश

नव संदेश हो।

नव चाहत
नव राहत
नव स्वागत हो।

नव पवन
नव चमन
नव आगमन हो॥

हमारी भाषा

ये बोली आन है मेरी,
विरासत मान मेरा है।
सही पहचान है अपनी,
यही अभिमान मेरा है।
किसी भी और भाषा में,
करें संवाद क्यों मित्रों_
हमारी शान है हिंदी_
ये हिंदुस्तान मेरा है॥

शिक्षक

शिक्षक शिक्षा बांटते, देते वट
सी छांव।
उनसे लें आशीष हम, छूकर
उनके पांव ॥1

गुरु समान दाता नहीं, याचक
शिष्य सामान।
तीन लोक की संपदा, दे देते
गुरु दान ॥2

शिक्षक जलते दीप से, शिक्षा
दे भरपूर।
अंधकार अज्ञान को, हमसे
करते दूर ॥3

शिक्षक सम यह जिंदगी, हम
हैं इसके शिष्य।
इसके अनुभव ज्ञान से, सुंदर
बने भविष्य ॥4

कुंजल साकेत "कुंज "

रचनाकार का नाम	: कुंजल साकेत "कुंज "
पिता	: श्री कालू साकेत
माता	: श्रीमती गेंदिया साकेत
पत्नी	: श्रीमती आशा साकेत
योग्यता	: बी.ए. हिन्दी साहित्य
सम्प्रति	: माध्यमिक शिक्षक
जन्म	: ग्राम शिवपुरवा पोष्ट मड़वा जिला सीधी (मध्य प्रदेश) पिन 486661
संपर्क	: 9589946864

सुतंत्रता दिबस

नमन करीथै उन बीरन का, देस के खातिर प्रान दिहिन |
डँटें रहे सीमा पर प्रहरी, धूप छाँउ तूफान सहिन |

धन्नि धन्नि भारत कै भुइयाँ, धन्नि धन्नि हाँ पुरबासी |
सीतल जल गंगा केर पाबन, सरग से सुंदर है कासी |

लाल लहू से रँग कै चोला, जै हिंद जै हिंद घोस करिन |
नमन करीथै उन बीरन का, देस के खातिर प्रान दिहिन |

हिन्दू मुसलिम सिख्ख इसाई, केहू मा कुछु गार नहीं |
कतनी महिमा आजु बखानी, कुंज कलम मा धार नहीं |

चूमि लिहिन हँसि फाँसी फंदा, बलि बेदी पर सीस धरिन |
नमन करीथै उन बीरन का, देस के खातिर प्रान दिहिन |

लिहे तिरंगा निज हाँथन मा, चलें राह ता रुके नहीं |
प्रान निछावर किये बतन पर, अरि के सउहें झुके नहीं |

कतरा कतरा खून का आपन, भारत माँ पर गारि दिहिन |
नमन करीथै उन बीरन का, देस के खातिर प्रान दिहिन |

बंदे मातरम बंदे मातरम, जन जन का यह नारा हो |
सोन चिरइया पुनिका चहकै, चिर अखंड ई भारत हो |

ओढ़िन कफन तिरंगा तन पर, अंगरेजन का टारि दिहिन |
नमन करीथै उन बीरन का, देस के खातिर प्रान दिहिन |

गीत

ये तिरंगा तुझे कर रहे हैं नमन |
आज खुशियाँ भरे हँस रहा है चमन |

आन औ वान पे आंच आने न दूँ |
जो उठाये नजर हम उसे मात दूँ |

जान से है दुलारा ये मेरा वतन |
ये तिरंगा तुझे कर रहे हैं नमन |

जान पर खेल के जो अमर हो गये |
खून अपना बहा के उरिन हो गये |

धन्य माता पिता जो जना है ललन |
ये तिरंगा तुझे कर रहे हैं नमन |

हिंद की नारियाँ दुश्मनों से लड़ीं |
सांस जब तक चली ओ न पीछे हटीं |

कोई कैसे सहे भारती का पतन |
ये तिरंगा तुझे कर रहे हैं नमन |

हाँथ लेके तिरंगा बढ़ी टोलियाँ |
हँस के खेले थे जो खून की होलियाँ |

है समर्पित मेरा अश्रुपूरित सुमन |
ये तिरंगा तुझे कर रहे हैं नमन |

ये तिरंगा तुझे कर रहे हैं नमन |
आज खुशियाँ भरे हँस रहा है चमन |

गीत गैधुरिया

ओढ़े करियट किनारी बाली साल, गइधुरिया घुसुकय लगी।
बरय दियना ओसारे बस लाल, गइधुरिया घुसुकय लगी।

सुआगत माहीं तरई जुमुकैं।
कलसा लिहे जोन्हइया ढुरकै।

जुगुनी नाचय सगल नदी ताल, गइधुरिया घुसुकय लगी।
ओढ़े करियट किनारी बाली साल, गइधुरिया घुसुकय लगी।

बन से गइया घरे कै मुरुकैं।
राह निहारत रकरा ठुनुकैं।

नीक लागय दुआरे बँधे माल, गइधुरिया घुसुकय लगी।
ओढ़े करियट किनारी बाली साल, गइधुरिया घुसुकय लगी।

भैंसि अबाहे मा सानी सुरूकै।
दूध भरे मुहु दोहनी कुलुकै।

लौटइ चिरई बसेरे मा बेहाल, गइधुरिया घुसुकय लगी।
ओढ़े करियट किनारी बाली साल, गइधुरिया घुसुकय लगी।

गोरी के पाँउ मा पायल छुनुकै।
आस पियास मने मा हुलुसै।

एँड़ी रंगे महाउर हबै लाल, गइधुरिया घुसुकय लगी।
ओढ़े करियट किनारी बाली साल, गइधुरिया घुसुकय लगी।

बारह मासी

तुआ ततनमन खेलय मुसबा |
जबसे लाग गरिब्बा पुसबा |

माघ महीना मिलय न दाना |
परी बिलारी चारिउ खाना |

नीक सुदिन फागुन लै आबा |
पकै लगें रहिला औ राबा |

तजै लगें बिरबा सब पाती |
लगी आग छिउला कै छाती |

नदी झुराइ देंह भै बाती |
बनिगें नखत अमल्लख घाती |

जबसे चइत चरचा मा आबा |
मैहर मंदिर चढ़ै चढ़ाबा |

उड़ै धूरि बैसाख महीना |
ढ़ुरुर ढ़ुरुर ढ़ुर चुयै पसीना |

जेठ महीना लहकै भुइयाँ |
लगैं नीक निमियाँ की छइयाँ |

लाग असाढ़ नचीं पँखियारी |
भईं मगन बसुधा महतारी |

सामन कुलुकि कुंज लहराने |
भादउ मेघ घटा घहराने |

लगत कुँआर धानि पकरानी |
कातिक दियना जरै दुआरी |
अगहनऔसर पुनि पुनि आबा |
कारट लिहे लोग सब धाबाँ |

हायकू गीत

बहै पुरबा, घूँघट उड़ा जाय, झाँकै नयन।
घेरे बदरी, बरसै दिन -रात, भीजै बदन।

आबा सामन, करिसि अहँदोर, न लागै जिया।
झूलै सखियाँ, हिंडोला उठि भोर, पकड़े पिया।

मारय ताना, पपीहा दिन रैन, बाढ़ै जलन।
बहै पुरबा, घूँघट उड़ा जाय, झाँकै नयन।

बहै नदियाँ, पकड़ि तटछोर, गाबै मल्हार।
बरखा रानी, नचाबै बनमोर, भाबै बहार।

करिया बदरी, उठय घुघुआय, धाबै गगन।
बहै पुरबा, घूँघट उड़ा जाय, झाँकै नयन।

फूलीं बगिया, महकि उठा भोर, तरई हँसैं।
जागीं चिरई, मचाबै लगी सोर, पखना घँसैं।

गाबै गलरी, कोयल बिदुराय, लागै मगन।
बहै पुरबा, घूँघट उड़ा जाय, झाँकै नयन।

बोल कउआ, चियारे चढ़ि काँउ, खासा सुदिन।
मिटि जइहीं, बिरह केर घाउ, भागी कुदिन।

प्रीति छलकी, नयन हरसाय, आबैं सजन।
बहै पुरबा, घूँघट उड़ा जाय, झाँकै नयन।

गणेश प्रसाद विश्वकर्मा 'विकट'

रचनाकार का नाम	: गणेश प्रसाद विश्वकर्मा 'विकट'
जन्मतिथि	: 01.01.1960
पता	: ग्राम हटवा बरहा टोला, पोस्ट हटवा खास, तहसील सिहावल, जिला सीधी (म.प्र.),पिन कोड 486771
मोबाइल नं.	: 9993696426
पिता	: स्व०श्री शिवनाथ प्रसाद जी।
माता	: स्व०भगवन्ती देवी।
योग्यता	: एम.ए. हिन्दी, बी.एड।
उपलब्धियां	: सेवा निवृत्त शिक्षक, सामाजिक संगठन में महामंत्री का पद, मंच संचालक, नवसृजन साहित्य एवं कला संवर्धन समिति में संयोजक। गायत्री मिशन के सक्रिय कार्यकर्ता के रूप में एवं हायर सेकेण्डरी स्तर पर हिन्दी साहित्य विषय का चालीस वर्ष तक अध्यापन कार्य।
साहित्यिक सृजन	: "राम चरित मानस में तुलसी के नीति कथन" पर शोध।
साझा पुस्तकें	: दोहा रत्न, दोहा अमृत, सोंधी माटी लोनी बघेली, विन्ध्य के कलम कार भाग एक एवं भाग दो।हिन्दी बघेली साहित्य का इतिहास आदि भावी जीवन-साहित्य-साधना, समाज सेवा, साहित्यिक मंचों पर काव्यपाठ एवं परिचय बढ़ाना।

तपन विशाल लिए

लूले को अंधे का कंधा मिलते कुछ दुस्वार नहीं है।
ऐसे कैसे मान लिया कि युग अपना दमदार नहीं है।

आगोश बिना बेजार हुए हो,
प्यार रहित तुम तपन छुए हो,
था प्रवाह मझधार में लेकिन,
साहिल हित बेदार हुए हो॥
कह दो उस पागल गर्मी को कैसे यहाँ तुषार नहीं है।
ऐसे कैसे मान लिया कि युग अपना दमदार नहीं है॥

सुख-दुख दिवस-रैन का आना।
पुण्य-पाप का यहीं खजाना।
कंटक-समर किया क्यों जाये,
पद पदवेश का मिला जमाना॥
गर विवेक-बल चलेगा कोई उसकी होती हार नहीं हैं।
ऐसे कैसे मान लिया कि युग अपना दमदार नहीं है॥

यहीं क्षुधित को मिलती रोटी,
कटती-बढ़ती यहीं है चोटी।
बृद्धाश्रम आलय अनाथ का,
यहीं धीश अरु यहीं लँगोटी॥
करनी का फल मिल जाता है,
काल-दण्ड का सार यही है॥
ऐसे कैसे मान लिया कि युग अपना दमदार नहीं है॥

कमतर हैं दाता-अनुआई,
संग्रह में है नहीं भलाई,
विग्रह कंश-दशानन देखो,
लगी अस्थि में यहीं है काई॥
किसे दूध का धोया कह दूँ किसमें यहाँ विकार नहीं है।
ऐसे कैसे मान लिया कि युग अपना दमदार नहीं है॥

यद्यपि रावण खुश होता है,
जब जंग जटायू से होता है।
वैदेही के उस उर-विलाप का,
तो फल 'विकट'निकट होता है॥
पारथ का पौरुष परिवर्तन होता हरदम यार यहीं है।
ऐसे कैसे मान लिया कि युग अपना दमदार नहीं है॥

तपन विशाल लिये, रूप विकराल किये, लगता है विष पिये, करता धमाल है।
गरमी के चार माह, उर में भरे हैं डाह, कुछ नहीं परवाह, अहिनी -सी चाल है।
कहो तो बताऊँ अभी, गरमी था नाम कभी, कहते हैं आज सभी, नाम दूजा काल है।
कटता है वक्त नहीं, नसों में है रक्त नहीं, भाव में विरक्त नहीं, जोश ठूँठी डाल है॥

शराबी

कभी-कभी हम किसी शराबी की चर्चा कर लेते हैं
उसका भी अपना जीवन है अगर बदल हम देते हैं॥

होता हृदय उदार है उसका खुद को नहीं बचाता।
नहिं भविष्य की कोई चिन्ता खुलकर होता दाता॥

मौज और मस्ती पाने का माध्यम एक है पीना।
नशा नाश की जड़ है मानों कहते हैं सब ज्ञानी।
माना बेसमझी कर बैठे अब छोंड़ो नादानी।
पी करके सिर ऊँचा करना तान के चलना सीना॥

खूँन गरीबों का पीने से बुरा नहीं मद पीना।
जो ऐसा करते हैं सोचें कहाँ उचित है जीना।
मानवपन को शाश्वत रखिए बनकर राम नगीना॥

टेंशन और कुसंगति दोनों होते हैं जब हाबी।
मानों ये ऐसे लहराते हैं जैसे पूर में राबी॥

होता नहीं मोह माया का मानों प्रकृति दिगम्बर।
कितना दम इनके साहस का झुकता दिखा है अम्बर।

गर्मी नहीं सताती इनको चिल्ला जाड़ा हारी।
बाल न बाँका कर पाती है होती वारिष भारी।

राजा हो या रंक तौलते एकल अकल तराजू।
खुलकर दोष बता देते हैं जो खाता काजू।

पूँजीपती बढ़ावा देते नेता हों या मंत्री।
कोई धारा नहीं लगाते मजिस्ट्रेट जज संत्री।

दारू से दमदार आय है राजकोष को मिलता।
वोट है दारू विजय है दारू अधिकारी से मिलता।

सारे काम सरल हो जाते गलती माफ हो जाती।
महिलायें भी क्षमा हैं करतीं कह दहिजार के नाती॥

गाँव-मुहल्ला सब डरता है लेता नहीं है पंगा।
जिस दिन नहीं शराबी मिलता धोती पाप है गंगा॥

कितनों से परहेज़ करूँ ये हैं संख्या में भारी।
क्षमावान होकर जीना है यदि देते भी हैं गारी॥

देख दशा बच्चे मेहनतकस होते नहीं भिखारी।
अर्जित किए हैं पीते घर के बच्चे पद सरकारी॥

पीने का उम्दा कारण है अपनी बेरोजगारी।
अगर वक्त पर सोचा जाये हानि न होगी भारी॥

रोजगार का मंदिर बनना अबकी 'विकट'जरूरी है।
यद्यपि अगर अन्यथा लेंगे फिर लिखना मजबूरी॥

गीत

कौन? तुम कत नहिं देति चिन्हारी॥
तृषित तपन अरु घुटन लिए तुम,
आकर देति सुपारी।
प्रातहिं अनुदिन झरत अँगारा, रवि की किरण विकारी॥
कौन? तुम कत नहिं देति चिन्हारी॥

प्यासी पवन अवनि अति प्यासी,
प्यासी कोयल कारी।
लगता नदी शदी से प्यासी, जल नहिं मिलत उधारी॥
कौन? तुम कत नहिं देति चिन्हारी॥

सूखा कंठ प्राण चोंच तक, सब कुछ देत बिसारी।
लू अरु लपट कपट पट लीन्हें,
गिरि दीगम्बर धारी॥
कौन? तुम कत नहिं देति चिन्हारी॥

भरी जवानी दोपहरी में, ढलति नहीं हठधारी।
महल त्यागि कत जाउँ सखी री!
बिसरि बिलाउज सारी॥
कौन? तुम कत नहिं देति चिन्हारी॥

जग उपहासी कौन कराबै,
विकट' ये दुनियादारी।
डाह सौतिया कब तक तेरा, नीच प्रकृत धुँधकारी॥
कौन? तुम कत नहिं देति चिन्हारी॥

मत कर विकल अवधि है निश्चित,
तू भी कर तैयारी।
भौरे-काग तपन ते कारे, देत दिखे तोहिं गारी॥
कौन? तुम कत नहिं देति चिन्हारी॥

पावस से डर क्यों नहिं लगती,
मची है मारा-मारी।
तेरी शीत ऋतू के आते, होगी क्षीण अल्गारी॥
कौन? तुम कत नहिं देति चिन्हारी॥

प्रो.सूर्यनारायण गौतम 'वेदाचार्य'

गीत
रेबांचल के जात्रा

सुना सुनाई तोहका भइया, रेबांचल के हाल।
ठुसे रहै मनई जहँ ददऊ, जस चिकबा कै माल ॥ १॥

खूब करामैं आरच्छन पै, तबौ मिलय न सीट।
जनरल माहीं लोटैं जइसन, होंय पतिंगा कीट ॥ २॥

खड़े खड़े आरच्छन खातिर, निकरैं सगलेउ दाँत।
येक दुसरे के करिहाँ पकरे, जइसन सींगट पाँत ॥ ३॥

बिन आरच्छन जनरल माहीं, लटकैं बाँधे फन्दा।
उनकर सकल देखाथी अइसन, जस झलबा चहचिन्दा ॥ ४॥

मिलै जघा न थोरकौ भइया, भागैं निकहे डिब्बा।
दाँत निकारे भागँय अइसन, जइसन बन म शिब्बा ॥ ५॥

आरच्छन के डिब्बा केहीं, फरस म लोटै केहू।
पकरैं ओखा टीटी दादा,
जइसन मेछरी रेहू ॥ ६॥

जनरल टिकस देखउतै भइया,
टी टी मागैं चन्दा।
पइसा खातिर हाँथ जो जोरय, तबै देखामँय फन्दा ॥ ७॥

टीटी का कुछ देखतै भागैं, पकरैं सउच के अड्डा। मूते हगे न पानी डारँय,
रहै खूब भरभड्डा ॥ ८॥
शउचालय के हाल न पूँछा, देखतय होय ओकाई।
देउता पीतर सुमिरे आमँय, अउरव बाप अ माई ॥ ९॥

हमरे देस के जन्ता अबहूँ, आधे रहिगें गोरुआ।
सिच्छा उनकर ओइसै घिनहीं, जइसन करुआ रेरुआ ॥ १०॥

अकरमन्न है सेबाकरमी, धरैं ठीक ना ध्यान।
बात कही जो राह-रीति के, देंइ गुरू कस ग्यान ॥ ११॥

जात्रिन के या दुख्ख देखिके, नई चलाइँन रेल।
पै ओहूके किहिंन केबादा,
जस नदी घाट बेमेल ॥ १२॥

जब ओखे पहुँचय के बेला, तब चलै के कूकी मारय। अइसन तइसन कइके भइया,
जात्रिन के जिउ जारय ॥ १३॥

सुरिजमुहें का हाँथ उठायेंन, अउर प्रतिग्यां घालेंन, रेबांचल के जात्रा काहीं इया जनम
मा टालेंन ॥ १४॥

सुना सुनाई तोंहका भइया, रेबांचल के हाल।
टेक ॥

बरखा केर स्वागत

(गीत दउँगरा)

दउँगरा रे ! दउँगरा...
भल आये तैं दउँगरा ॥ टेक ॥

१}
गोटबा कस पानी कै मार,
चउगिरदा भीतिंन बउछार।
घर के हलहल होय चियार,
भागैं खेतिहर सबै सिमार ॥
दउँगरा रे ....

२}
नौतपा कय ताप जुड़ाय,
रही सूख भुइँया हरिआय।
अमराइन आँमा गदराय,
जामुन हँसै तोहि है पाय ॥
दउँगरा रे ....

३}
देखि किसनमा हँसय ठठाय,
जस आँधर आँखिन का पाय।
बउरव अब है गीत का गाबय,
आउब तोर सबै मन भाबय ॥
दउँगरा रे.........

४}
भिन्न-भिन्न भिन्ना भिन्नाँय,
गोरुअउ देखि रहैं पगुराँय।
गुलरा टर्र - टर्र टराँय,
डबरा परी भइँस बिदुराँय ॥
दउँगरा रे.........

५}
चउमासे मा चोर लुकइहैं,
मुनि चउमासा परब बितइहैं।
होई शान्ति सुख्ख बिसतार,
तोर सहारे सब निस्तार॥
दउँगरा रे ....

श्रम

श्रम से भाग्य बदल जाता है॥ टेक॥

जीवन को नया मोड़ दो।
निन्दा करना छोड़ दो।
वाणी वजन बदल जाता है।
श्रम से भाग्य बदल जाता है॥ 1॥

आलस को तुम मार दो।
श्रम को अतिशय प्यार दो।
नश मे उल्लास उमड़ जाता है।
श्रम से भाग्य बदल जाता है॥ 2॥

दृग मे जीवन लक्ष्य रखो।
कर्मों के सच्चे फल चखो।
साहस से बल भर जाता है।
श्रम से भाग्य बदल जाता है॥ 3॥

श्रम की लेखनी उठाओ।
विश्वास के कागज में दौड़ाओ।
सोच से सितारा बदल जाता है।
श्रम से भाग्य बदल जाता है॥ 4॥

वाचस्पति प्रसाद गौतम "मयंक"

रचनाकार का नाम	: वाचस्पति प्रसाद गौतम "मयंक"
पिता का नाम	: स्वर्गीय श्री नागेंद्र मणि गौतम
माता का नाम	: स्वर्गीय श्रीमती पार्वती देवी
जन्म स्थान	: ग्राम लौआ, पोस्ट ऑफिस लौआ तहसील बहरी जिला सीधी मध्य प्रदेश 486601
वर्तमान पता	: वार्ड क्रमांक 5 स्टेडियम के पीछे प्रेम नगर कॉलोनी सीधी मध्य प्रदेश
जन्म तिथि	: 15 मई 1962
संप्रति	: भूत पूर्व संस्कृत शिक्षक मारीशन पब्लिक सीनियर सेकेंडरी स्कूल सीधी मध्य प्रदेश
सम्मान	: अखिल भारतीय साहित्य परिषद, नव सृजन साहित्य संवर्धन समिति, हिंदी साहित्य सम्मेलन, प्रलेख इत्यादि साहित्य मंचों द्वारा लगभग 20 सम्मान।

प्रकाशन एवं वर्तमान कार्यक्षेत्र:

ज्योत्सना पत्रिका वर्क, रोटी की लड़ाई, स्थानीय और प्रांतीयअखबारों में रचनाओं का प्रकाशन, रोटी लथपथ खून से और अदालत केर समस्या जैसी कविताएं पुरष्कृत।
विन्ध्य के कलमकार भाग 1 साझा काव्य संग्रह एवं विन्ध्य के कलमकार भाग 2 साझा काव्य संग्रह पुस्तकों की भूमिका का लेखन एवं सहभागिता।
नवसृजन साहित्य संवर्धन समिति लौआ के साहित्य संचालन का उत्तरदायित्व।
अखिल भारतीय साहित्य परिषद जिला इकाई सीधी के संरक्षक।
जिला-शब्दाक्षर इकाई सीधी के उपाध्यक्ष
नव सृजन साहित्य संवर्धन समिति और प्रांत स्तरीय लगभग 150 काव्य गोष्ठी एवं कवि सम्मेलनों का मंचीय संचालन,
वाणी प्रवाह, विन्ध्य साहित्य संगम पटलों पर सक्रिय सहभागिता।
सांस्कृतिक और साहित्यिक कार्यक्रमों का मंच संचालन।

(१)
गणेश और संस्कृत

बुद्धि गणेश की भाषा है, कर्तित्व शक्ति की आशा है।
कवियों की श्रेष्ठ मनीषा यह, कविता की परिभाषा है।

यह रही महेश कमंडल में, कवि बाणभट्ट की वाणी में।
कवि कलिदास नभमंडल में, भवभूत लोक कल्याणी में।
शुचि वेदव्यास भूमंडल में, अरु वाल्मीकि की तरणी में।
सिद्धि गणेश की स्वाशा है, चरितित्व भक्ति अभिलाषा है।
बुद्धि गणेश की भाषा है, कर्तित्व शक्ति की आशा है।
कवियों की श्रेष्ठ मनीषा यह, कविता की परिभाषा है॥1

अचार्य भाष कर्कोटक की, भारवि डंडी के कलरव की।
श्री वोप देव उद्दालक की, जेमिनी पतंजलि के स्वर की।
शंकराचार्य उद्घोषक की, पाणिनी, कुमारिल के रव की।
रिद्धि गणेश की नाशा है, व्यक्तित्व लब्धि की पांसा है।
बुद्धि गणेश की भाषा है, कर्तित्व शक्ति की आशा है।
कवियों की श्रेष्ठ मनीषा यह, कविता की परिभाषा है॥2

गार्गी कात्यायनि की शक्ती, मुनि भरत देव जी की शक्ती।
गंगा गायत्री की शक्ती, रोंके से कभी न रुक सकती।
पाली प्रकृति की भी शक्ती,
वाणी जो कभी न झुक सकती वृद्धि गणेश की हासा है,
कवियों के लिए पिपाशा है।बुद्धि गणेश की भाषा है,
कर्तित्व शक्ति की आशा है।
कवियों की श्रेष्ठ मनीषा यह, कविता की परिभाषा है॥3

होती शिकार शिकायत जालो में, पगडंडी के ही ब्यालों में।
कोई उद्धारक बनता सालों में, तलवंडी में जूझे जंजालों में
संस्कृत विस्तारक फंसता चालों में, अब झंडी के पंडालों में
वृत्ती गणेश की वाषा है, दुखियों के लिए विपासा है।
बुद्धि गणेश की भाषा है, कर्तित्व शक्ति की आशा है।
कवियों की श्रेष्ठ मनीषा यह, कविता की परिभाषा है॥4

(२)

भारत वंदना

विन्ध्य सह्ययादि पर्वत की माला रहे।
नील अंचल में हरदम उजाला रहे।
हिम से जगमग सदा ए हिमाला रहे।
अर्बुदारावली का शिवाला रहे।

श्रेष्ट भारत की धरती विशाला रहे।
दिव्य चन्दन सुवासित सु माला रहे ॥1

वेद भासित प्रभा जो दिखाता रहे।
रम्य लालित्य संगीत गाता रहे।
भारती वेणु को झनझनाता रहे।
लोक साहित्य भूपर सिखाता रहे ॥
इसकी रक्षा में माता त्रिशाला रहे।
श्रेष्ट भारत की धरती विशाला रहे।
दिव्या चंदन सुवाषित सु माला रहे ॥2

जाह्नवी चंद्रभागा की धारा रहे।
भानुजा नर्मदा का दुलारा रहे।
तुंगभद्रा बिपाशा का प्यारा रहे।
मेरा भारत जो आंखों का तारा रहे।
मिलता सबको यहां पर निवाला रहे।
श्रेष्ठ भारत की धरती विशाला रहे।
दिव्य चंदन सुवाषित सु माला रहे ॥3

विश्व बंधुत्व सबको सीखाता रहे।
शुद्ध चरितावली को सुनाता रहे।
वेद वंदन हमेशा जो गाता रहे।
ज्ञान ज्योती सदा जो जलाता रहे ॥
कीर्ति दुनिया में जिसकी मिशाला रहे।
श्रेष्ठ भारत की धरती विशाला रहे।
दिव्य चंदन सुभाषित सु माला रहे ॥4

शुभ्र कश्मीर जिसका लिलारा रहे।
वेशभूषा जहां की निनारा रहे।
जिसके चरणों में सागर किनारा रहे।
बंग से कच्छ तक जिसकी धारा रहे।
दुष्ट दुश्मन का निकले दीवाला रहे।
श्रेष्ठ भारत की धरती विशाला रहे।
दिव्य चंदन सुभाषित सुमाला रहे ॥5

(३)
त्रिलोकी नाथ

(1)
लहरों से उछलकर कोई पत्थर गिरा होगा।
फिर छ छैनी की चोट का चक्कर फिरा होगा।
दर्द की उसे देहली पर बैठ कर देखो "मयंक" _
वह चेतना का देवता फक्कड़ निरा होगा ॥

(2)
शून्यता को भेद कर जो जन्म लेता है।
वेदना को झेल कर जो विश्व सेता है।
ताप तीनों दूर कर जो रम रहा जग में _
रुद्र बनकर गंग में भी पुण्य देता है ॥

(3)
अमरों की दुनिया में रुद्र जो कहाता रहा।
तीन नेत्रधारी त्रि अड़भंगी जो बताता रहा।
अर्धनंग, भूतनाथ, ब्याली भी मयंक साथ,
तीन पंड्डधारी, नीलकंठ जो सुहाता रहा ॥

(4)

वेदांत व्रह्मवादी, भस्मधारी जो त्रिलोकी नाथ।
व्याली औ कपाली, अश्क धारी हैं अलोपीनाथ।
त्रिभुवन को तारी, जटाधारी, संग मैंना दुलारी_
अड़भंगी, कल्पकाली, रस्मधारी है प्रलोकीनाथ॥

(४)
गंगा

जन्हु की दुलारी नित, नेम की पुकारी जन,
पाप राशि हारी गंग, विष्णु नखवारी हैं।
ब्रह्म की कुमारी सत्य, प्रेम की तुकारी शिव,
श्राप ताप हारी संग, कृष्ण जी मुरारी हैं।
श्रृंग की लुलारी शिव, क्षेम की सुपारी तन,
छाप दाब हारी रंग, रूद्र मख भारी हैं।
चंद्र की सुमारी पितृ, धेनु की भुलारी मन,
ताप त्रास हारी खंग, भागीरथ भारी हैं॥

क्वांरिका

कर के कमंडल की, कैसी करतूति करी,
क्वांरी केरि कारी_कारी, केश कांति कारी के।
कारो कारो कुंडल के, कोटि कहनूति करी,
कारी केशी काली काली, कोह किलकारी के।
कटि केर कुंदन की, कोरी कचनार कली,
कालिका के कोटि-कोटि कोप किट कारी के।
कंठ केर कंपन की कोई कारवारि करी,
क्वांरिका के कोपि कोपि, क्रोध किह कारी के॥

डॉ. अरुणा पाठक "आभा"

सिंदूर

माथे के बिंदी ऊपर बालों के बीच सजे रंग।
आकर्षित करता सुंदर लाल प्रीत सुर्ख रंग।
सम्मोहन करता हर मन यही सुंदर प्रेम रंग।
इसे देख खिलजाते मनभावन से अंगअंग।

यह अपनापन विश्वास प्रेम त्याग संग लिए।
प्यार के लिए एक पूर्णसमर्पणसा दिए हुए।
इसको लगाकर स्त्री देखती गर्व से दर्पणहै।
पूरे जीवन दूजे को करती प्रेम का अर्पण है।

नारी पहने हाथों में मेहंदी अंगूठी कंगन है।
महावर मंगलसूत्र सिंदूर प्रेम का येबंधन है।
सिंदूर का लाल रंग देता उसेपूर्ण विश्वास है।
नारी के जीवन बहुत बड़ी मन की आस है।

यह नारी गरिमा का मोहक प्यार एहसास है।
सिंदूर बनाता उसको किसी दिलका खास है।
चुटकी भर सिंदूर की कीमत मानोअनमोल है
भावो से बिकता भाव इसका नाकोई मोल है।

पौरुष देख देख इस पर होता उसे बड़ागर्व है।
आते उसकी पूजा के करवा तीजा बड़े पर्व हैं।
सिंदूर नारी की मांग सजा कर मान बढ़ाता है।
उसका भी कोई है यह एहसास वो कराता है।

सुहाग का जोड़ा रोज न पहना जायासकता है
उसी का अंश सिंदूर माथे रोज रोज सजता है।
सदियों पहले से अद्भुत चलन चला आ रहा है।
संस्कृति की विरासत को ये सदैवनिभा रहा है।

कितना मनमोहक सम्मोहन इसमें भी होता है।
जिस माथे पर लाल सिंदूर सजा प्यारा होता है।
हजारों मुसीबतआए नारी यू ही झेल जाती है।
सावित्री बन यमराज स्वर्ग में भी लड़ जाती है।

एक चुटकी सिंदूर बसता सांसो की सरगम है।
जिसका छूट जाता अस्तित्व बो बिखर जाता है।
सिंदूर जीवन के संघर्षों को सहज सिखलाता है।
जीवन के नए नए अनुभव भी संसार कराता है।

नारी के अस्तित्व का सुंदर श्रेष्ठता काये भान है।
बढ़ जाता इससे उसका हर जगह मान सम्मान है
इसे पाकर नवयौवन कली प्रफुल्लित खिलती है।
सुमन बनअपनी सुगंध जीवन में बिखरा जाती है

जीवन में भाग्य रेखा की तरह होता यही सिंदूर।
जीवन में प्रेम पर्याय सुंदर अद्भुत से लाल सिंदूर।
जब नारी ये लगा परलोक सिधार ऊपरजाती है।
तब वह देवी की तरह दुनिया मेंपूजी भीजाती है।

डॉ. कमला पति "गौतम कमल"

रचनाकार का नाम	: डॉ. कमला पति "गौतम कमल"
साहित्यिक नाम	: "गौतम कमल"
पद	: उच्च माध्यमिक शिक्षक (जीव विज्ञान)
पिता का नाम	: स्व0 श्री नागेन्द्र मणि गौतम
माता का नाम	: स्व0 पार्वती देवी
पत्नी का नाम	: रंजना शर्मा
पुत्र का नाम	: पुष्कर गौतम
जन्म तिथि	: 12मई 1971
निवास का स्थाई पता	: ग्राम+पोस्ट_लौआ तहसील _बहरी, जिला _सीधी मध्य प्रदेश पिन _486661
वर्तमान पता पीछे	: वार्ड 21 रानी दुर्गावती वार्ड कृषि उपज मंडी के अमहा ऊंची हवेली तहसील गोपद बनास, जिला सीधी मध्य प्रदेश
संपर्क सूत्र	: 8827748188_9753845562
ईमेल	: kamalapgautam@gmail.com
भोपाल का पता	: 239/2 DK_5 दानिस चौराहा आनडोर के पीछे, कोलार भोपाल मध्य प्रदेश
संप्रति	: उच्च माध्यमिक शिक्षक (जीव विज्ञान)
कार्यस्थल का पता	: शासकीय उच्चतर माध्यमिक विद्यालय कमर्जी, जिला सीधी मध्य प्रदेश
योग्यता	: एम0एस0सी0, (जीव विज्ञान) बी0एड0, एल_एल0बी0,
उपाधि	: MBR HONORARY DOCTORATE

मैजिक बुक ऑफ रिकार्ड मैजिक आर्ट यूनिवर्सिटी
फरीदाबाद हरियाणा

साहित्यिक और सामाजिक अवदान

१ लिखित मौलिक पुस्तकें

1_"रनी कुमारी चरितामृत" आख्यानक (2016)
2_"चित्रकूट यात्रा महात्म्य" आख्यानक (2017)
3_"पाण्डव परीक्षा" खण्ड काव्य (2018)
4_"जिंदगी प्यार की हकीकत है" काव्य संग्रह (2019)
5_"कोरोना कहर" काव्य संग्रह (2020)
6_बघेली छंद विधान
छंद की व्याकरणिक पुस्तक (2021)
बघेली छंद विधान और कोरोना कहर पर फॉक्स
क्लूज द्वारा "INDIA TOP 100 AUTHARS
एवार्ड 2022 प्राप्त हुआ है।
7_बघेली बाल रचनाएं बाल कविताओं का संग्रह
(2022)
8_मुक्तक तरंगिनी मुक्तक संग्रह (2023)
9_"कहाँ तुम मीत गए हो" गीत संग्रह शीघ्र प्रकाश्य।

२ साझा पुस्तकों में सहभागिता_विभिन्न राष्ट्रीय साहित्यिक पटलों से 14 साझा पुस्तकों में सहभागिता।

३ पुस्तकों का संपादन_1_विन्ध्य के कलमकार भाग 1
(साझा काव्य संग्रह)
_2_विन्ध्य के कलमकार भाग 2
(साझा काव्य संग्रह)
_3_विन्ध्य के कलमकार भाग 3
(साझा कहानी/लघुकथा संग्रह
शीघ्र प्रकाश्य)।

४.पत्रिकाओं में रचना कर्म_ टेशू के फूल
_विन्ध्य स्टार
_साहित्य सरोज
_साहित्य शिखर
_ काव्य मंथन
_नए छितिज

५ दैनिक समाचार पत्र में नियमित रचाना कर्म

पटना द्वारा प्रकाशित समाचार पत्र "दस्तक प्रभात" के साहित्य पृष्ठ पर नियमित काव्य लेखन.

६ कोरोना वैश्विक महामारी के बचाव में किए गए प्रयास

७ टी वी चैनल साधना में प्रस्तुतियां

साधना टीवी चैनल पर सतमोला कावियों की चौपाल में काव्य प्रस्तुति

८ साहित्य क्षेत्र में प्राप्त पुरस्कार सम्मान और एवार्ड

25 से ज्यादा साहित्यिक सम्मान

साहित्य में किए गए अभूतपूर्व योगदान के लिए MBR HONORARY DOCTORATE की उपाधि से सम्मानित किया गया।

मैजिक एंड आर्ट यूनिवर्सिटी भारत सरकार समर्थित, एमएसएमई, और आई एस ओ द्वारा रजिस्टर्ड मान्यता प्राप्त यूनिवर्सिटी द्वारा

९ _साहित्यिक क्षेत्र

@मुक्तक लोक हिंदी साहित्यांगन लखनऊ के एडमिन सदस्य

@अखिल भारतीय साहित्य परिषद संभाग रीवा मध्य प्रदेश के महामंत्री

@नव सृजन साहित्य संवर्धन समिति लौआ सीधी मध्य प्रदेश समिति के साहित्य प्रभारी

@ विन्ध्य के कलमकार, विन्ध्य साहित्य संगम वाणी प्रवाह, विन्ध्य हिंदी बघेली साहित्य पटल और नवसृजन पटलों के एडमिन

१०_ पहचान:

भारतीय वैदिक छंदों पर आधारित हिंदी काव्य रचनाओं की सर्जना।

भारतीय सनातन छंद आधारित हिंदी काव्य विधाओं सहित गीतिकाओ का संवर्धन।

बघेली काव्य का छांदस विधान और संवर्धन।

दंभ में जीवन नहीं दुश्वार करना

मित्र समरसता सृजन कर प्यार करना।
दंभ में जीवन नहीं दुश्वार करना ॥1

हो नहीं छोटे-बड़े का भेद मन में।
सार्वभौमिक सत्य विधि अनुसार करना ॥2

आज का वातावरण दूषित हुआ है।
पर न दूषित तुम कभी व्यवहार करना ॥3

मानवी संवेदना अपनी न सोए।
मित्र अंतस को न अपने खार करना ॥4

सुख दुखों का है समुच्चय जिंदगी यह।
हर परिस्थिति को सदा स्वीकार करना ॥5

श्रेष्ठ कर्मों के लिए यह तन मिला जो।
दर्प में दुष्कृत्य भी नहिं यार करना ॥6

दीन हीनों को उठा सौहार्द्र से यूं।
जो बने जितना बने कुछ तार करना ॥7

पद मिले, पौरुष मिले, वैभव मिले पर।
तुम किसी पर भी नहीं अतिचार करना ॥8

गीतिका
आधार छंद _विधाता
1222 1222 1222 1222
समान्त _अने
पदान्त _की जरूरत है

हमें प्रभु के इशारों को समझने की जरूरत है।
न भावों में स्वयं बहकर बहकने की जरूरत है ॥1

उन्होंने जिन्दगी देकर दिया है रूप सुंदरतम।
जरूरत से नहीं ज्यादा संवरने की जरूरत है ॥2

मनुज में हो मधुर व्यवहार अरु सौहार्द्र शुचि वाणी।
प्रखर संवेदना अति धैर्य रखने की जरूरत है ॥3

भले मजबूर करतीं हों कठिन कितनी परिस्थितियां।
नहीं सम्बंध अपनों से बदलने की जरूरत है ॥4

समय पर लक्ष्य पाने हित सतत संघर्ष करना तुम।
कभी तत्कर्म के पथ से न हटने की जरूरत है ॥5

निजी कर्त्तव्य हो अपना बड़ों का मार्गदर्शन लें।
कभी भी स्वार्थ लिप्सा में न पड़ने की जरूरत है ॥6

गीतिका

आधार छन्द-माधव मालती

2122 2122 2122 2122

समान्त-आर

पदान्त-देना

मातु आँचल छांव ममता निज प्रकृति अनुसार देना।
ज्ञान देकर बेटियों को अति अपरमित प्यार देना ॥1

चांद तक सीढ़ी लगाएंगी अभी विश्वास कर लो।
वे गगन को चूमलेंगी तुम उन्हें आधार देना ॥2

जो असंभव है उसे संभव करेंगी बेटियां अब।
वे नहीं अबला कहायें तुम निजी आसार देना ॥3

खूब देना प्यार परिपूरित निजी आशीषदे माँ।
स्वर्ण आभूषण भले तुम शुचि न हीरक हार देना ॥4

बेटियों में हो तजुर्बा चांद तारे तोड़ लाएं।
ख्वाब सारे पूर्ण हो सामर्थ्य का विस्तार देना ॥5

खूब पढ़ लिखकर गढ़ें गौरव बढ़ाएं बेटियां हर।
विश्व में हो नाम रोशन स्वप्न कर साकार देना ॥6

माँ

आधार छंद - हरिगीतिका

अति धैर्य सहकर कष्ट माँ पीड़ा प्रसव सहती रही।
जिसने जना इस भूमि पर हर दुख सहन करती रही ॥1

उँगली पकड़ चलना सिखाया तेल तन-मालिश किया।
सुख के हमारे ही लिये निज त्याग सुख करती रही ॥2

हम भूलते क्यों जा रहे कर्तव्य अपने जन्म के।
हमको बढ़ाने के लिये जिनकी कृपा लगती रही ॥3

मिलता रहा जिनसे सदा जीवन-सुधा रस प्यार मय।
सुख प्रेम अरु स्नेह की गंगा स्वयं बनती रही ॥4

जिसकी कृपा से आज हम फल फूलते बढ़ते रहे।
जुग जुग जियो मम लाल अंतिम श्वास तक कहती रही ॥5

वह दुग्ध ऋण कैसे उतारे मातु तेरा यह कमल।
तुम छोड़ कर चलती बनी मम चक्षुबस ढरती रही ॥6

माँ इष्ट देवी व्रह्मचारिणि लाल की रक्षा करो।
जनु कह रही हो माँ चिता चढ़ देह जब जलती रही ॥7

गीतिका
आधार छन्द -विधाता
समान्त-आने
पदान्त-याद आते हैं

मुझे वे बालपन के क्षण, सुहाने याद आते हैं।
बगीचे, वन, सरित-सर तट, मुहाने याद आते हैं॥1

वो उठना बैठना चलना, तुनक कर भाग जाना भी।
लिए कर छीर मां के वे, मनाने याद आते हैं॥2

वही विन्दी, वही बन्डी, वही चश्मा, वही डंडा।
वही पतलून अरु धोती, पुराने यादें आते हैं॥3

मुझे आंचल के साए में, छुपा कर थपकियाँ देती।
सुनाती माँ मधुर लोरी, तराने यादआते हैं॥4

मुझे शाला के जाने हित, बनाई हाथ की रोटी।
चुपरकर घी नमक के वे, लगाने याद आते हैं॥5

कहीं बीमार पड़ने पर माँ, रातो रात जग जाती।
वो हल्दी दूध तुलसी रस, पिलाने याद आते हैं॥6

मुझे यदि देर हो जाती जरा सा, गेह आने पर।
सजल आंखों पे रख आंचल, दबाने याद जाते हैं॥7

कभी यदि देर हो जाती, सुबह के जाग जाने में।
निजी कर शीश पर रखकर, जगाने याद आते हैं॥8

नहीं है मां मगर यादें हमें आशीष देती हैं।
उसी के सँग बिताये पल सताने याद आते हैं॥9

गितिका
आधार छंद_ प्रदीप
16+13=29
समांत आन
पदान्त _है

धैर्य, समर्पण, त्याग, शीलता, माँ की शुचि पहिचान है।
संयम नियम सहजता सेवा मां ममता की खान है ॥1

स्वस्थ, सौम्य, सदभाव, श्रेष्ठ गुण, सच्चाई सिखलाती जो।
अति संवेदनशील, सहजता, देती सुख सम्मान है ॥2

मां नर को इंसान बनाती, मानवीय ममता देकर।
इस समाज के योग्य श्रेष्ठतम, देती शुचि संज्ञान है ॥3

उंगली पकड़ सिखाती चलना, और बताती राह सही।
जन्म सु-दात्री माता सचमुच, धरती का भगवान है ॥4

फिर हम स्वारथ में क्यों पड़कर भूल रहे कर्तव्य स्वयं।
मित्र दिनों दिन बढ़ता जाता, निज मां का अपमान है ॥5

मां की ममता कभी न भूलें, जिसने पाला नेह दिया।
जीवन मां के त्याग तपस्या का, सचमुच अवदान है ॥6

संकट सभी झेल लेती है, और दुआएं दे गौतम।
मां के ममता, यश, गुरुता का कितना करें बखान है ॥7

गीतिका
आधार छंद _, सार
16+12=28
समांत अहना
अपदांत

प्रेम नेम सौहार्द बढ़ाकर, सबको मिलकर रहना।
बने एकता भाईचारा, मेरा यह है कहना ॥1

संयम नियम धैर्य सुख सेवा, सौम्य सादगी, सबकी।
शुचि वाणी, सत, शील, सहजता, मानव का है गहना ॥2

अनुशासन अनुकरण बड़ों का, सच्चा पथ दिखलाए।
नेक काम से च्युत होते जो, निश्चित ही है ढहना ॥3

आसमान का ख्वाब रखो पर, धरती पर चलना है ॥
आंधी जैसे उड़ो न प्यारे, पवन सरीखे बहना ॥4

दूर करो आपस की कटुता राष्ट्र प्रेम के खातिर।
देश विरोधी यदि बातें हों, गौतम कभी न सहना ॥5

गीतिका
आधार छंद _सार
16 + 12 =28
समान्त अहना
अपदांत

छंदों की सुंदर कविताएं, अलंकार हो गहना।
अगर मापनी सधी हुई है, तो फिर क्या है कहना ॥1

कविता कवि के अंतर्मन का, भाव हुआ करती ज्यों।
चंचल जल कल कल कर रहना, नित्य चाहती बहना ॥2

कैसे रहा समाज आज तक, कैसे आगे होगा।
वर्तमान की छवि दिखलाइए, कैसे सबको रहना ॥3

नित्य पढ़ाए पाठ सलीका, जीने का जीवन भर।
समझाए संघर्ष राह पर, संकट को भी सहना ॥4

रस से भरी गागरी ले जब, काव्य रागिनी आए।
लय, यति, काव्य विराम लगे जस, रत्न परी ने पहना ॥5

काव्य छंद परिधान छीनते, दुष्ट दुराचारी जो।
कविता का अस्तित्व गिराएं, उनको इक दिन ढहना ॥6

लेकर दिव्य तिरंगा झंडा

जन गण मन का राष्ट्रगान हो, वंदे मातरम गाएं हम।
लेकर दिव्य तिरंगा झंडा, दुनिया पर छा जाएं हम॥

तन मन धन सर्वस्व समर्पण, अपने राष्ट्र हितार्थ किया।
आजादी का जिसने सपना, पूर्ण किया चरितार्थ किया।
भारत के उन वीर सपूतों, का शत शत अभिनंदन है
जिसने आजादी देकर यह, अमिट कार्य परमार्थ किया॥

देशभक्त उन वीरों के, पद चिन्हों को अपनाएं हम।
लेकर दिव्य तिरंगा।1

जिसने त्यागा प्राण राष्ट्र हित, उनको नहीं भुलाएं हम।
उनके गौरव गाथाओं का अनुपम अलख जगाएं हम।
स्वतंत्रता की बलिवेदी पर जिसने आहुति दी अपनी_
राष्ट्रभक्त उन अमर शहीदों, के पावन गुण गाएं हम॥

वीर शहीदों को श्रद्धांजलि, देकर शीश नवाएं हम।
लेकर दिव्य तिंरगा॥2

केसरिया ऊपर की पट्टी, त्याग और बलिदान की।
श्वेत पट्टिका शांति, शुद्धता, सत्य और ईमान की।
नीला चक्र प्रगति का द्योतक, चौबिस घंटे निरत रहें
हरा रंग समृद्धि देश निज, वैभव के पहिचान की॥

सौम्य एकता की डोरी से, ध्वज को नित लहराएँ हम।
लेकर दिव्या तिरंगा झंडा, दुनिया में छा जाएं हम॥3

भारत अपना कृषि प्रधान है, उन्नति करते रहना है।
कितनी बड़ी मुशीबत आए, धैर्य बनाए रखना है।
प्रेम नेम सौहार्द बढ़ाकर, सबको लेकर के आगे
गौतम नित विकास राहों पर हरदम चलते रहना है॥

दीन हीन हर मजलूमों को किंचित नहीं सताएं हम।
लेकर दिव्या तिरंगा झंडा दुनिया पर छा जाएं हम ॥4

जन जन मे हो भाई चारा, और एकता बनी रहे।
देशभक्ति का भाव सभी में, शुद्ध सौम्यता सनी रहे।
बाल न बांका कर पाएं अरि, आन बान निज शान का
दुष्टों के खातिर प्रत्यंचा, हर सीने में तनी रहे।

"विश्व शांति वसुधैव कुटुंवम्" का नित् पाठ पढ़ाएं हम।
लेकर दिव्य तिंरगा झंडा, दुनिया पर छा जाएं हम ॥5

हिंदुस्तान की खोज
(गीत)

चलो ढूंढते हैं वह अपना, प्यारा हिंदुस्तान।
जहां बड़ों, गुरु, मात~पिता का, होता था सम्मान ॥

जहां संस्कृति गांव गांव की, गलियों में बसती थी।
संस्कार की बगिया में यश, की कलिका खिलती थी।
था संतोष सभी जन-जन में, रहता सुखी किसान ॥
चलो ढूंढते हैं वह अपना।1

जन जन में सौहार्द, एकता, समरसता रहती थी।
लोगों में अपनत्व भाव की, सुख सरिता बहती थी।
नारी की पूजा होती थी, वसुधा का सम्मान।
चलो ढूंढते हैं वह अपना।2

कच्चे घर में बूढ़े_बच्चे, मां, बहने रहती थीं।
बाबा, ताऊ, चाचा थे, दादी किस्सा कहती थीं।
था संयुक्त कुटुंब प्रेम संग वैभव, यश, सुख शान ॥
चलो ढूंढते हैं वह अपना।3

जंगल, खेत, बाग, चौबारे, हरियाली रहती थी।
भरे हुए तालाब रहे, सुंदर नदिया बहती थी॥
पावन झरने कल-कल करते, धरती का गुणगान॥
चलो ढूंढते हैं वह अपना।4

बन्धु, बांधव, रिश्तेदारों में खुशियां बसती थीं।
घर कुटुंब परिजन समाज में प्रीति हुआ करती थी।
सत्य धर्म पर चलते थे जहां" बालक वृद्ध जवान॥
चलो ढूंढते हैं वह अपना।5

आप बताएं क्या कहना है

आप बताएं क्या कहना है।
प्यार बिना भी क्या रहना है।
चार दिनों का यह जीवन तन
देह, मांस का पट पहना है।
सजते रहे संवरते कितना,
मित्र, एक दिन तो चलना है।
आप बताएं क्या कहना है ॥1

दुख सुख हैं जीवन के संगी।
लगती है दुनिया नव रंगी।
माया अति संघर्ष कराए
घेरे रहती फ़िर भी तंगी ॥
सांस डोर ईश्वर पर निर्भर
जीवन भर सब कुछ सहना है ॥
आप बताएं क्या कहना है ॥2

मुट्ठी बांधे आए थे हम।
कुछ भी साथ न लाए थे हम।
जो कुछ लिया दिया सब उसको
दुनिया से जो पाए थे हम।
मिट्टी का यह बना खिलौना,
एक दिन मिट्टी में मिलना है ॥
आप बताएं क्या कहना है ॥3

बंधु बांधव रिश्ते नाते।
लगे सिखाने आते जाते।
स्वारथ में दिग्भ्रमित हुए जब,
परम लक्ष्य हम कैसे पाते।
छोटा बड़ा, पराया अपना,
इसी बात में ही डहना है ॥
आप बताएं क्या कहना है ॥4

जब तक समय रहा यह अपना।
नहीं देख पाए शुचि सपना।
डेरा डाला अहंकार ने,
भूल गया ईश्वर को जपना।
बीती उमर हुआ तन जर्जर,
रुग्ण हुए तन को ढहना है॥
आप बताएं क्या कहना है॥5

शक्ति गई जब चेत न आई।
भूल गई सारी चतुराई।
शिथिल हुई मति, गति अंगों की,
मृत्यु बला बनकर जब आई॥
चार जनों ने चिता चढ़ाया,
प्राण गए तन को जलना है॥
आप बताएं क्या कहना है॥
प्यार बिना भी क्या रहना है॥6

www.ingramcontent.com/pod-product-compliance
Lightning Source LLC
LaVergne TN
LVHW090313051026
849518LV00005B/1770
* 9 7 8 8 1 1 9 5 6 2 2 9 9 *